O ÍNDIO

na História do Brasil

Berta Ribeiro

O Índio
na História do Brasil

global editora

12ª Edição, Global Editora, São Paulo 2009
2ª Reimpressão, 2022

Jefferson L. Alves – diretor editorial
Flávio Samuel – gerente de produção
Dida Bessana – coordenadora Editorial
Alessandra Biral e João Reynaldo de Paiva – assistentes editoriais
Daniela Lopes Ferreira – preparação de textos
Antonio Alves e Tatiana Y. Yanaka – revisão
Eduardo Okuno – projeto gráfico e capa

Dados Internacionais de Catalogação na Publicação (CIP)
(Câmara Brasileira do Livro, SP, Brasil)

Ribeiro, Berta, 1924-1997.
O índio na história do Brasil / Berta Ribeiro. – 12. ed.
– São Paulo : Global, 2009.

Bibliografia.
ISBN 978-85-260-1431-2

1. Índios da América do Sul – Brasil – História I. Título.

09-11377 CDD-980.41

Índices para catálogo sistemático:

1. Brasil : Índios : História 980.41
2. Índios : Brasil : História 980.41

Obra atualizada conforme o
NOVO ACORDO ORTOGRÁFICO DA LÍNGUA PORTUGUESA

global editora

Global Editora e Distribuidora Ltda.
Rua Pirapitingui, 111 — Liberdade
CEP 01508-020 — São Paulo — SP
Tel.: (11) 3277-7999
e-mail: global@globaleditora.com.br

globaleditora.com.br
@globaleditora
/globaleditora
@globaleditora
/globaleditora
/globaleditora
blog.grupoeditorialglobal.com.br

Nº de Catálogo: **1376**

Aos índios, protagonistas desta história.

Berta G. Ribeiro foi pesquisadora bolsista do Conselho Nacional de Pesquisas Científicas e Tecnológicas junto ao Departamento de Antropologia do Museu Nacional, Universidade Federal do Rio de Janeiro (UFRJ). Licenciada em Geografia e História pela Universidade Estadual do Rio de Janeiro (UERJ) e doutora em Antropologia Social pela Universidade de São Paulo (USP). Sua área de especialização é etnologia indígena e, nesta, arte, artesanato e tecnologia.

É autora de *A arte plumária dos índios* Kaapor, em colaboração com Darcy Ribeiro; "Diário do Xingu"; introdução a *Antes o mundo não existia*, coleção de mitos de autoria de dois índios Desâna, que ajudou a editar, e de vários artigos em revistas especializadas.

Realizou trabalhos de campo entre grupos indígenas do alto e médio Xingu (norte de Mato Grosso e sul do Pará) e do alto rio Negro (Amazonas).

Sumário

Introdução

Este trabalho é uma compilação seletiva de fontes secundárias, sem pretensões interpretativas ou teóricas. É simplesmente uma tentativa de expor a um público mais amplo – principalmente professores do ensino médio – a trágica história do primitivo habitante do Brasil e de sua marginalização progressiva, histórica, geográfica e cultural. A ênfase maior dada aos eventos dos séculos XVI e XVII se deve ao fato de, nessa época, o índio representar a maioria da população. E, também, porque o modelo socioeconômico então implantado reitera-se nos séculos seguintes: o domínio privado da terra e o contingenciamento forçado da mão de obra com o fim de produzir produtos exportáveis.

É impossível resumir em poucas páginas o papel e o lugar do índio na história do Brasil. Deixou-se de falar da espoliação e dizimação de inúmeras tribos que representou o *rush* da borracha no século XX. Um só exemplo foi citado para ilustrar as ameaças que pesam sobre as tribos indígenas sobreviventes na Amazônia e no Centro-Oeste, em nossos dias, devido à expansão de latifúndios nacionais e estrangeiros que, reiteradamente na história do Brasil, substituem homens por bois. Falou-se por alto dos empreendimentos multinacionais de mineração, de agroindústria e de extrativismo vegetal, e sua infraestrutura de estradas e hidrelétricas, que desalojam colonos, lançando-os sobre as últimas terras que restam aos índios. Por tudo isso, este livro é apenas um convite para meditar sobre a questão indígena. E sobre a dívida que o povo brasileiro tem para com os povos que aqui viveram há milênios antes da chegada do branco. É preciso saldá-la, antes que seja tarde.

Embora este livro tenha resultado numa enumeração infindável de casos de repressão sangrenta e de exploração desumana, devo dizer que os índios com quem convivi não são amargos, nem guardam rancor contra os brancos que se espraiaram sobre suas terras e marcaram o rumo de sua vida. Posso afirmar que o índio que conheci não nutre os males de nossa época: a ira e a depressão. Nas malocas em que vivi, a cada manhã, era despertada pelas conversas animadas de rede a rede, as risadas espontâneas e alegres, as brincadeiras mais inocentes que jamais vi. As crianças mais meigas, buliçosas sem serem impertinentes, encontram-se numa aldeia indígena.

A essas crianças, como às indiazinhas Tareará, Temekun e Wantô, cuja tribo, a Arawetê, tem apenas seis anos de contato com nossa sociedade, dedico estas páginas, na esperança de que vivam dias melhores do que os seus antepassados.

Agradeço a Carlos de Araújo Moreira Neto, ao padre Francisco Knobloch e a Jaime Pinsky a leitura crítica dos originais. Os erros e as omissões cabem, naturalmente, à autora.

O Brasil Indígena

Os povos que o português encontrou

Ao desembarcarem em Porto Seguro, depararam os marujos de Cabral com homens "pardos, nus, sem coisa alguma que lhes cobrisse suas vergonhas" (Pero Vaz de Caminha, Carta a D. Manuel, o Venturoso). Não sabia o almirante se a nova terra descoberta era a costa da África ou da Índia, se era ilha ou terra firme. Cabral consultou seus homens mais experimentados, veteranos de viagens ao Oriente e nada souberam dizer. Evidentemente não eram negros. Indianos também não pareciam ser. Ainda assim, ficou-lhes pelos tempos afora o nome de índios. A frota de Cabral permaneceu dez dias em Porto Seguro e aí deixou dois degredados para que aprendessem a língua dos índios e servissem de guia e intérprete aos portugueses quando voltassem.

O povo que Cabral veio encontrar na costa da Bahia era chamado Tupiniquim e pertencia à grande família Tupinambá, tronco Tupi-guarani, que ocupava quase todo o litoral.

Eram recém-chegados à costa, de onde expulsaram as tribos inimigas, com exceção de alguns grupos, encaminhando-as para o sertão. Os Tupi transmitiram aos primeiros cronistas e aos jesuítas a noção de que o mundo indígena se dividia em dois grandes blocos: o dos que falavam sua língua e praticavam seus costumes e o de seus contrários, chamados *Tapuia*, o que quer dizer escravo. Essa divisão dos índios do Brasil em *Tupi* e *Tapuia* prevaleceu por muito tempo e servia para distinguir os grupos do litoral daqueles do sertão. Com o devassamento do interior, nos séculos seguintes ao da descoberta, passou-se a ter uma visão mais exata do mosaico indígena que habitava o país.

Os Tupi-guarani, habitantes da costa

Os índios do tronco linguístico Tupi-guarani eram povos agricultores, mas com grande mobilidade espacial. Os primeiros colonizadores surpreenderam e até provocaram suas migrações. A localização precisa desses grupos foi, por isso mesmo, muito difícil.

BRASILIA
Ad Strenuu et Magnificu Dnm.
Maies.tu & Reueredis. Principi, Ep
La Recoperta
AEQVINOCTI
MARE
Insulę incognitę
Tropicus Capri-
corni.
PACI
FIC
Occi dens
Chasdia seu Australis Terra,
quā nautarum vulgus Tierra
di Fuego vocant, alij Psittacoru
Terram.

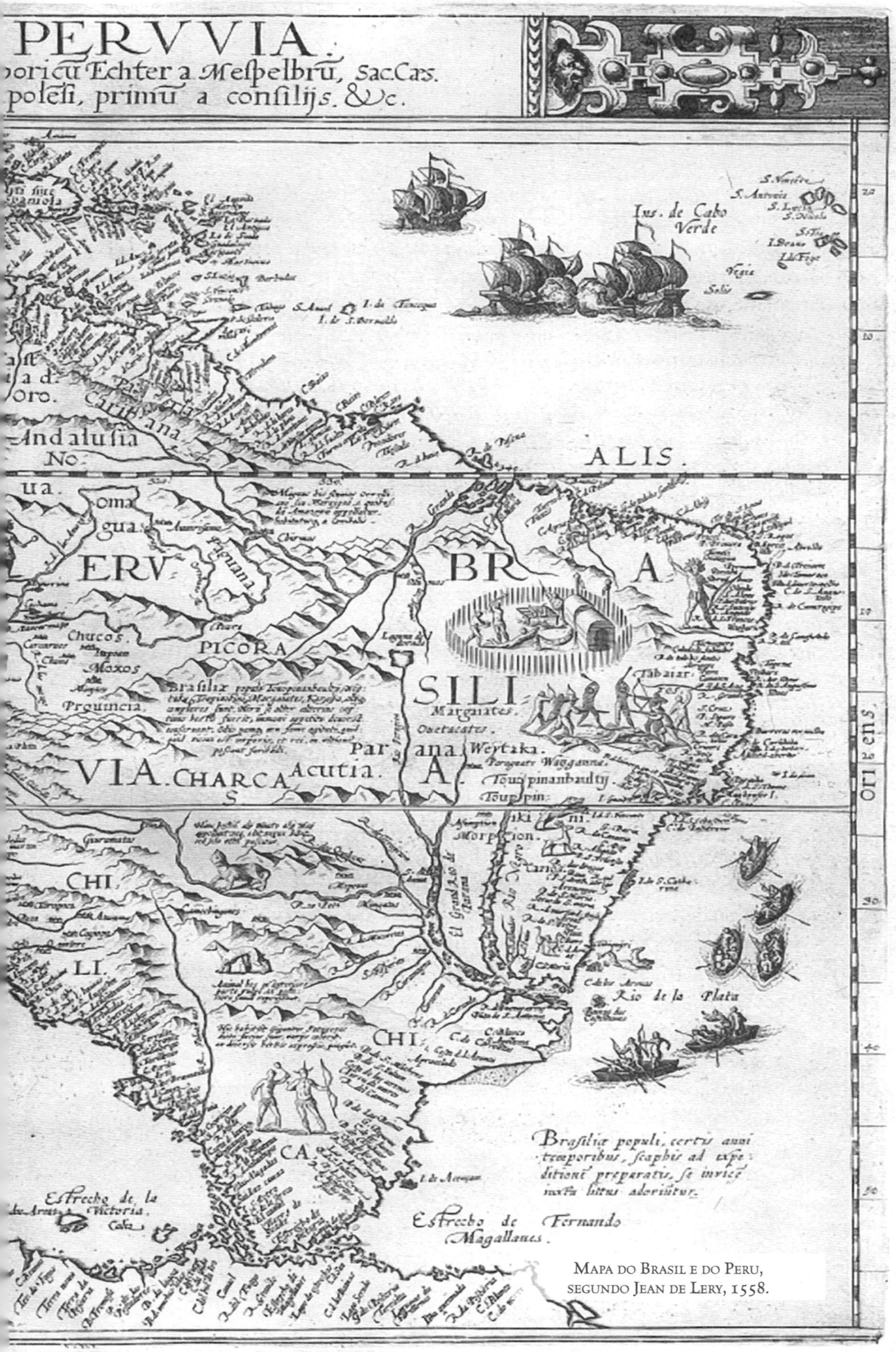

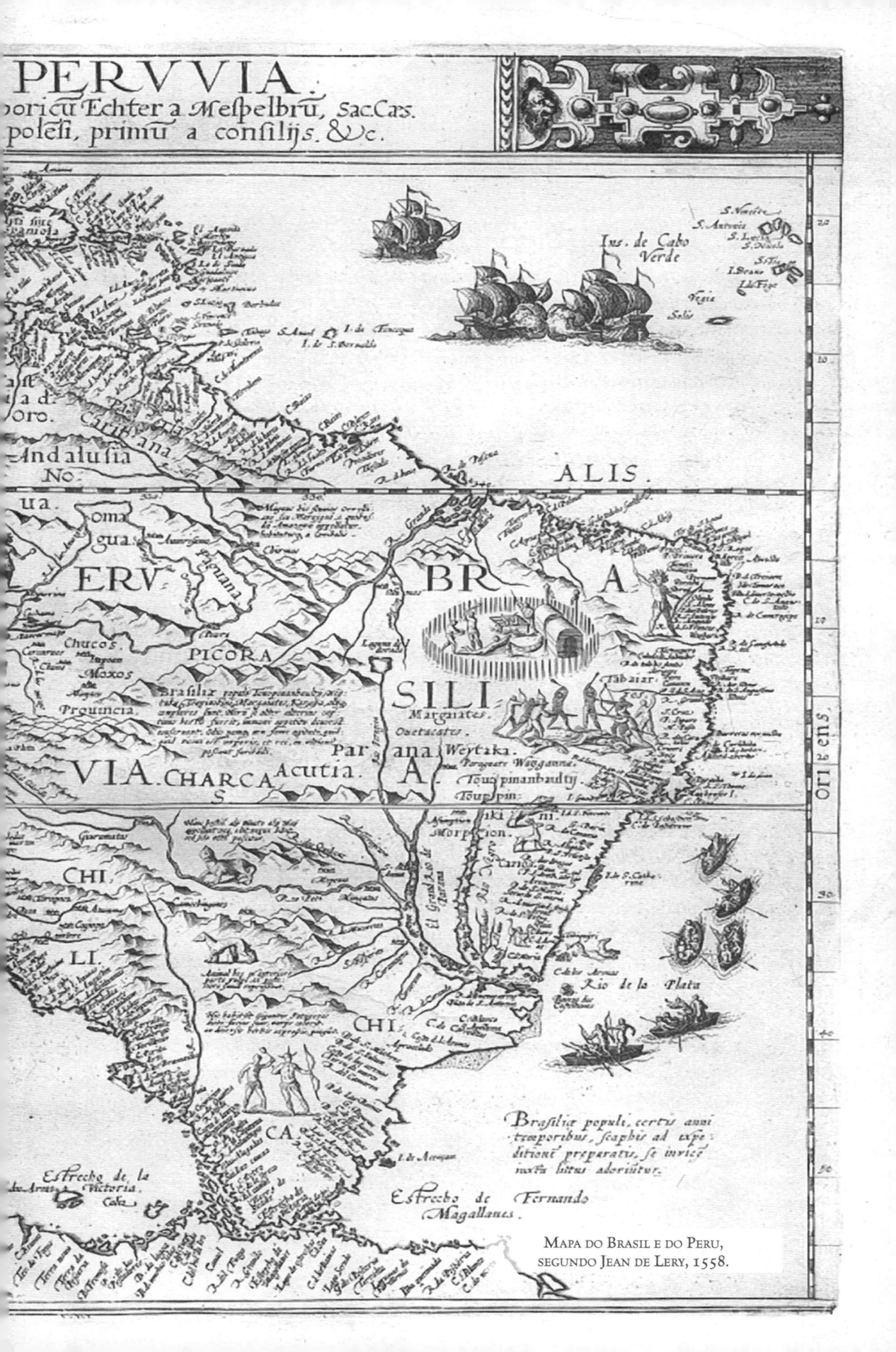

Mapa do Brasil e do Peru, segundo Jean de Lery, 1558.

De onde vieram os Tupi-guarani e como se espalharam pelo Brasil, Argentina, Uruguai, Paraguai, Peru e Bolívia?

Examinando inúmeros elementos da cultura Tupi-guarani, o conhecido americanista Alfred Métraux chega à conclusão de que seu centro de dispersão deve ter sido limitado, ao norte, pelo rio Amazonas, ao sul, pelo Paraguai, a leste, pelo Tocantins e a oeste, pelo rio Madeira. Arion dall'Igna Rodrigues sugere que o centro de difusão dos prototupi deva ser procurado na área do Guaporé, onde se concentram famílias do tronco Tupi.

Os Tupi quinhentistas viviam numa estreita faixa ao longo da costa, de São Paulo até o Pará. A primeira gramática de sua língua foi escrita pelo padre José de Anchieta. A língua guarani era falada de São Paulo a Porto Alegre e no Paraguai, onde ainda hoje é de uso corrente entre a população rural e mesmo de Assunção e na zona fronteiriça no sul de Mato Grosso.

Os Tupi da costa eram conhecidos pelo nome genérico de Tupinambá e se dividiam em vários grupos locais. Tupiniquim e Tupiná (ou Tapanases) viviam entre Porto Seguro na Bahia e Espírito Santo. Na mesma região viviam os Guaitacaz ou Goitacá, numa estreita faixa do litoral espírito-santense, povo "Tapuia", espremido entre os Tupi. Esses três grupos lutavam entre si e acabaram deslocando os Tupiná para o sertão. Do rio Paraíba do Sul até Angra dos Reis era domínio dos Tamoio, que viviam em constante hostilidade com os Temimino, ocupantes do baixo Paraíba.

Outro grupo Tupinambá situava-se em torno da baía da Guanabara. Em São Vicente estavam os Guaianases, também "Tapuia", ancestrais, segundo alguns autores, dos atuais Kaingang, estendendo-se desde Angra dos Reis até o rio Cananeia, defrontando-se aí com os Carijó, que já eram Guarani e viviam no litoral até a lagoa dos Patos. No litoral rio-grandense viviam os Tape.

Da Bahia para cima, ao norte dos Tupiniquim, habitavam os Caeté, entre o rio São Francisco e o Paraíba do Norte na região pernambucana. Os Tabajara ocupavam a extinta capitania de Itamaracá até o rio Paraíba, bem como os Amoipira, do São Francisco, também filiados aos Tupinambá. Portiguar ou Petinguara era a designação dos índios Tupi que viviam no território compreendido entre os atuais estados da Paraíba, do Ceará e do Rio Grande do Norte. Seu nome significa "comedores de camarões". No interior de Pernambuco viviam os Tupiná.

Essas foram as tribos Tupi-guarani que entraram em contato com os portugueses, os franceses e os holandeses na costa, nos séculos XVI e XVII, e de que falam os cronistas e missionários da época. Foi o povo que mais influências exerceu na formação da sociedade brasileira.

As migrações históricas dos Tupi-guarani foram presenciadas e documentadas pelos portugueses. Essas migrações tiveram causas diversas. Em primeiro lugar, a

Ataque dos Tupiniquim
à aldeia de Ubatuba (São Paulo).
Gravura de Hans Staden, 1555.

fuga à escravidão pelos colonizadores brancos. Outra causa era a natureza agitada e belicosa dos Tupi e a necessidade de se locomoverem em busca de novas terras para o cultivo. Um dos nossos primeiros cronistas, Gabriel Soares de Souza, dizia:

> "e não vivem mais nesta cabilda enquanto lhes não apodrece a palma das casas, que lhes dura três, quatro anos".

Ambrósio Fernandes Brandão, autor dos *Diálogos das grandezas do Brasil*, deixou o seguinte depoimento:

> "Pois este costume é antiquíssimo entre este gentio,... não preparam grandes bagagens, porque cada um leva consigo o que lhe é necessário para alguns dias; e, quando lhes falta, o buscam pelos campos, matos e rios, porque deles se sustentam".

Por fim, a terceira causa das migrações é a busca da legendária "terra sem males" ou do "paraíso terrestre". Acreditam os Tupi-guarani ainda hoje que, no interior do sertão ou além do mar, há um paraíso terrestre onde as plantas crescem por si, há fartura para todos, todos são felizes e ninguém sofre, os homens são eternos.

Os índios Chiriguano, do sul da Bolívia, são descendentes de uma dessas ondas migratórias Guarani que saiu do Paraguai. Outra migração dos Tupi é a de uns 12 mil índios que se largaram da Bahia ou de Pernambuco em 1540, dos quais apenas trezentos sobreviventes chegaram a Chachapoya no Peru, comandados por um aventureiro português. De outra migração Tupi dá conta Cristobal de Acuña. Foi realizada entre 1530 e 1612, aproximadamente, por um grupo Tupi de Pernambuco, que se dirigiu ao Madeira para fugir à opressão portuguesa. Eram cerca de 60 mil índios que foram se dividindo e exaurindo pelo caminho. Nas nascentes do Madeira, encontraram colonialistas espanhóis. Fugiram de novo, descendo o curso do rio até sua foz, instalando-se na ilha de Tupinambarana, onde foram encontrá-los Pedro Teixeira e Acuña. Os Omágua (Cambeba), que dominavam o alto rio Amazonas, tiveram de abandonar o Brasil em direção a Ucaiali, no Peru, para fugir à perseguição dos colonos. Os Tapirapé também migraram, a partir do século XVI, da foz do Tocantins até o rio Araguaia. Os Tupi da Guiana Francesa, Oyampi e Emerillon, chegaram àquela região no século XVIII e entraram em luta com grupos Karib, seus antigos moradores.

Em suas andanças, os Tupi-guarani encontravam outros povos com os quais guerreavam, fossem da mesma língua e costumes, fossem "Tapuia". A migração mais recente que se conhece de um grupo Tupi-guarani é a dos Apopokuva que, no começo do século passado, emigraram de Mato Grosso em direção à costa atlântica, em busca da terra onde não se morre. Em 1912, o etnólogo Curt Nimuendaju recolheu os sobreviventes e os conduziu à reserva indígena de Araribá, em São Paulo, onde vivem até hoje.

Os Tapuia, habitantes dos cerrados

Quando a frota de Cabral chegou à costa do Brasil, ainda encontrou grupos Tapuia que resistiam à pressão Tupi: os Guaianá, cujos descendentes seriam os Kaingang de São Paulo e do Paraná, os Goitacá do Rio de Janeiro e do Espírito Santo, que seriam os Puri, Coroado e Coropó do século XIX, os Aimoré (Botocudos) da Bahia e os Kariri do Nordeste, além de outros.

Eram chamados genericamente de Tapuia os grupos filiados à família linguística Jê e alguns de língua isolada. Dos Jê se pode dizer que representam a nação mais genuinamente brasileira, porque não há nenhum representante falando sua língua, fora das nossas fronteiras. São também povos de cultura material mais simples. A maneira como organizam a vida em sociedade, no entanto, é bem mais complexa e elaborada que a dos Tupi-guarani ou dos que pertencem ao tronco de línguas Aruak e Karib, isto é, dos povos da floresta tropical.

Dos Tapuia tinham os antigos cronistas impressão de extrema primitividade, talvez influenciados pelos orgulhosos Tupi, seus tradicionais inimigos.

O padre João de Azpilcueta Navarro (*Cartas avulsas*) assim os descreve:

> "No outro dia nós fomos e passamos muitos despovoados especialmente um de vinte e três jornadas por entre uns índios que chamam *tapusas*, que é uma geração de índios bestial e feroz; porque andam pelos bosques como manadas de veados, nus, com os cabelos compridos como mulheres. A sua fala é mui bárbara e eles mui carniceiros e trazem flechas ervadas e dão cabo de um homem num momento.".

Em *Diálogos das grandezas do Brasil* de Ambrósio Fernandes Brandão se lê:

> "Estes tapuias vivem no sertão e não têm aldeias nem casas ordenadas, para viverem nelas, nem mesmo plantam mantimentos para sua sustentação.".

Alguns etnólogos incluíram na família de línguas Jê (tronco Macrojê), muitos grupos de cultura semelhante à deles, mas que falam outra língua. Trata-se dos Kaingang, do Sul do Brasil; dos Botocudo de Minas e do Espírito Santo, conhecidos no primeiro e segundo séculos como Aimoré; dos Kayapó meridionais, chamados Ibirajara por José de Anchieta; dos Tarairiu do Nordeste, de que trataram os cronistas holandeses, Marcgraf, Barleus, Roulox Baro, Laet.

Do mesmo modo, outros grupos chamados "Tapuia" pelos cronistas e que viviam em Minas, na Bahia e no Nordeste, como os quase extintos Kariri, os Puri-Coroado, descendentes dos Goitacá, os Malili, os Kamakã, os Maxakali e outros, são hoje considerados povos de línguas independentes. Dentre os grupos Tapuia, cabe falar dos Kariri ou Kiriri que viviam na zona árida do Nordeste, na região compreendida entre o rio Paraguaçu, o São Francisco, o Itapicuru e talvez o Gurupi. O seu nome quer dizer "tristonho, calado, silencioso". No início, os Kariri dominavam o litoral nordestino, mas foram de lá escorraçados pelos belicosos Tupiniquim e depois pelos Tupinambá. Embora conhecidos dos primeiros colonizadores portugueses que os encontraram na costa, só travaram contato maciço com o europeu no começo do século XVII, quando a coroa portuguesa tratou de expulsar os holandeses do Nordeste.

Começa, então, toda a tragédia dos Kariri. Tomando partido na contenda ao lado dos holandeses, são massacrados e quase exterminados, mesmo depois de cessado o pretexto da luta contra o invasor batavo. Perseguidos de Pernambuco ao Maranhão, do Ceará ao Rio Grande do Norte, acabam sendo dizimados. A designação Cariri, dada a uma área do sertão cearense, recorda a existência dessa grande tribo no passado. Mas é à miscigenação entre as índias Kariri e os brancos que se deve o tipo físico tão característico do nordestino, que revela sua matriz indígena.

A família Kariri era formada de diversos grupos. Os mais conhecidos são os Tremembé que habitavam o litoral paraense, do Gurupi ao Camoci e que às vezes eram confundidos com os Tupi, os Kamaru, os Dzubukuá, os Kipea e os Sapuya. Os Xukuru-Kariri, Xokó-Kariri, de Pernambuco e Alagoas, são seus descendentes.

Dos povos que o português encontrou em 1500, restam pequenos grupos muito deculturados: os Potiguar e os Pataxó, na Paraíba e na Bahia; os Tupiniquin, no Espírito Santo; uns poucos Guarani espalhados no litoral paulistano e no sul de Mato Grosso; e os Kaingang, do Sul, todos ilhados em meio à população neobrasileira.

Classificações linguísticas e culturais

Para se ordenar em um sistema compreensível os inúmeros povos tribais que viviam e ainda sobrevivem em nosso país, pode-se usar pelo menos três critérios. Um deles seria o *tipo físico do índio*, isto é, seus caracteres raciais. Desse ponto de vista, os antigos habitantes das Américas são definidos como mongoloides. Ou seja, pertencem à mesma origem de chineses, japoneses e outros povos orientais.

Outro critério de classificação do índio é o *linguístico*. Atualmente se reconhecem três grandes troncos linguísticos principais:

1. tronco *Tupi*, dividido em sete famílias, a mais importante das quais é a Tupi-guarani;

2. tronco *Macrojê*, incluindo a família linguística Jê, em que se distinguem as línguas Kayapó, Timbira e Akuen (Xavante e Xerente) como mais importantes e outras quatro famílias menores, das quais a Karajá ainda não foi classificada em família;

3. tronco *Aruak*, compreendendo a família linguística Aruak, propriamente dita, com maior número de línguas, e a família Arawá.

Destacam-se, com grande número de línguas, as seguintes famílias ainda não agrupadas em troncos, listadas em ordem de importância: 1) Karib; 2) Tukâno; 3) Pano; 4) Xirianá; 5) Txapakura; 6) Mura; 7) Maku; 8) Nambikwára; 9) Guaikuru.

O linguista Arion dall'Igna Rodrigues, autor dessa classificação, reconhece ainda: seis línguas isoladas, que não se filiam a nenhum dos troncos e famílias acima citados; cinco línguas sobre as quais não existem informações suficientes para fins de classificação; e outras treze, a maioria do Nordeste, que já não têm indivíduos falantes, isto é, os índios a que pertenciam falam apenas o português.

Vale salientar que essa classificação, elaborada em 1972, refere-se às tribos indígenas que sobreviveram até nossos dias. O *Mapa etno-histórico de Curt Nimuendaju* contém a localização e a filiação linguística de todas as tribos de que se tem notícia no Brasil, desde 1500. O exaustivo levantamento do grande etnólogo compreende 1.400 tribos pertencentes a quarenta famílias linguísticas. Para toda a América do século XVI foram levantadas novecentas línguas.

O terceiro critério de classificação é o das *diferenças culturais.* Ao contrário do que pode parecer, o índio americano, em geral, e o brasileiro, em particular, não têm um modo de vida uniforme. Mesmo as tribos que pertencem à mesma família linguística diferenciam-se em inúmeros aspectos culturais. Por outro lado, tribos que falam línguas e dialetos distintos aproximam-se mais, em usos e costumes, por viverem em região contígua. Daí a noção de área cultural, introduzida na antropologia para significar unidades geográficas de cultura. Ou seja, regiões ecologicamente homogêneas, onde vivem povos que participam de certos traços socioculturais comuns. O conceito de área cultural coloca ênfase no papel da difusão como veículo de cultura, embora não seja o único.

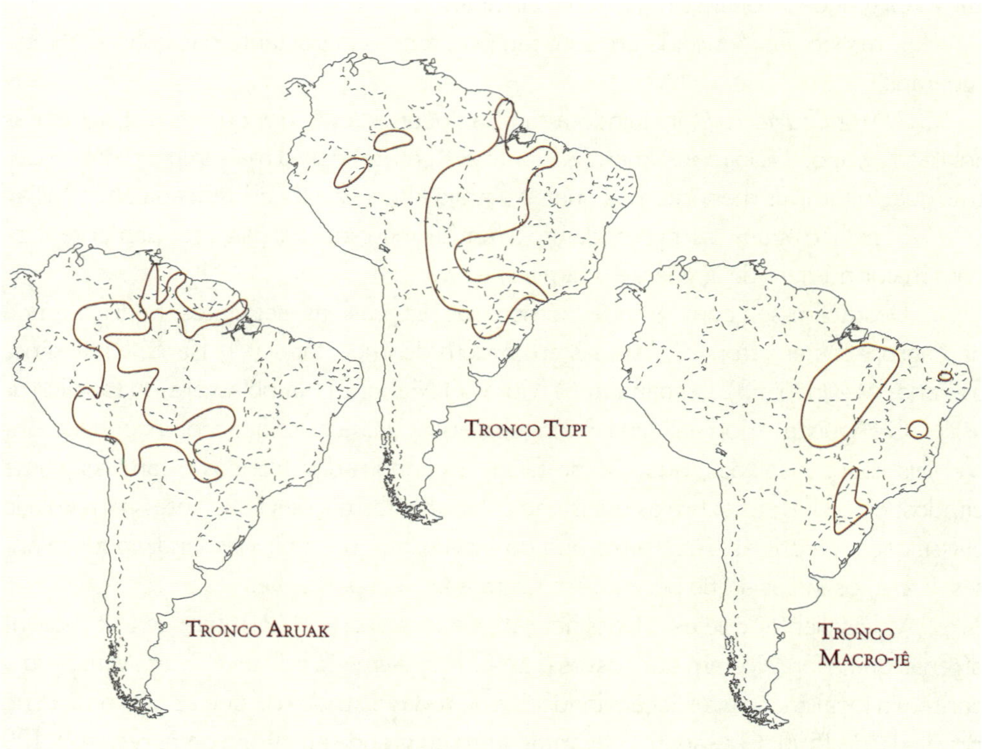

Mapa com a distribuição, por troncos linguísticos, dos grupos indígenas remanescentes no Brasil. Reproduzido de J. C. Melatti, 1972.

As classificações culturais, como as classificações linguísticas, tropeçam em grandes dificuldades devido à variação das culturas. Algumas classificações são muito gerais, outras se perdem em pormenores. A classificação cultural mais inclusiva é a de Julian H. Steward. Divide a América do Sul em:

a) caçadores e coletores, tornados agricultores

b) aldeias agrícolas da floresta tropical

c) povos circuncaribe

d) civilizações andinas.

As divisões que abrangem o território brasileiro são as duas primeiras. As culturas da floresta tropical ocorrem basicamente nas áreas acessíveis pelos grandes

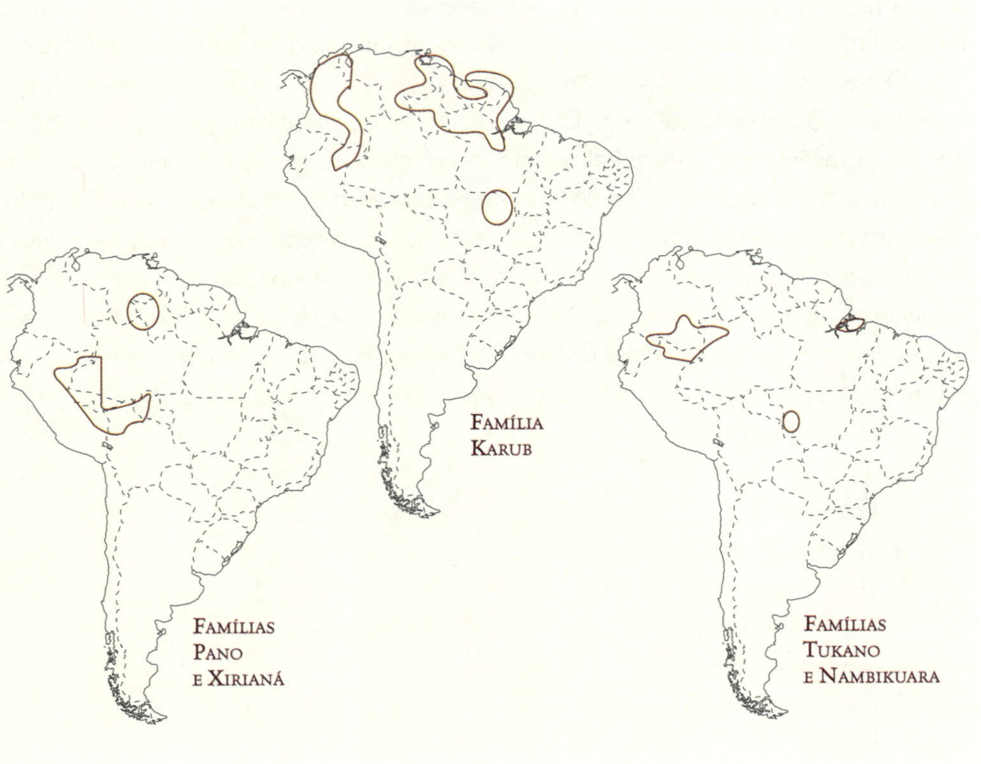

(continuação)

cursos de água, compreendendo a bacia Amazônica, estendendo-se aos tributários do rio-mar, onde a floresta se estreita em forma de galerias ciliares aos rios; ocorre numa faixa estreita ao longo da costa atlântica até o delta do rio da Prata, penetrando no Paraguai e na Bolívia. Ao norte, a cultura da floresta tropical introduziu pequenos núcleos na Colômbia, na América Central e nas Antilhas, isto é, na área circuncaribe.

As culturas típicas da área da floresta tropical careciam do alto desenvolvimento tecnológico e da complexidade social atingidos pelas civilizações andinas e mesmo pelas chefias centralizadas da região circuncaribe.

As tribos de coletores e caçadores tornados agricultores habitam, comumente, a região dos cerrados, praticando uma horticultura com ênfase na batata-doce, nas florestas que margeiam os rios. Na estação seca, deslocam-se a pé, em pequenos bandos, para o cerrado, em atividades de coleta, caça e pesca. Caracterizam-se por um equipamento cultural mais simples, como a ausência de cerâmica, tecelagem em tear, redes de dormir e canoas. As principais variantes, no Brasil, são os horticultores, caçadores e coletores dos cerrados, que ocupavam porções do território situado ao leste e, ainda hoje, encontram-se na bacia Amazonas-Orinoco, entre os rios principais e não à sua margem, bem como em partes do Mato Grosso do Sul e do Grão-Chaco.

Devemos a Eduardo Galvão a classificação, em áreas culturais, das tribos remanescentes no Brasil do século XX. Elaborada em 1959, essa tipologia leva em conta o fator aculturação, tanto intertribal quanto interétnico, isto é, com relação à sociedade nacional, como acelerador predominante no processo de mudança. Nesse sentido, a classificação de Galvão considera a dinâmica social, o tempo e o espaço *presentes*. O mesmo ocorre, como se viu, no caso da classificação linguística de Arion dall'Igna Rodrigues. Galvão discrimina as onze áreas culturais que isolou por designações geográficas. Dentro de algumas delas distingue subáreas, tidas como intrusões ou enclaves caracterizados por sistemas ecológico-culturais divergentes. São as seguintes:

1. norte-amazônica
2. Juruá-Purus
3. Guaporé
4. Tapajós-Madeira
5. alto Xingu
6. Tocantins-Xingu
7. Pindaré-Gurupi
8. Paraguai (Chaco)
9. Paraná
10. Tietê-Uruguai
11. Nordeste

Finalmente, cabe mencionar a tipologia desenvolvida por Darcy Ribeiro, em 1957, pautada na situação de contato com a sociedade nacional das tribos que sobreviveram até nossos dias. Desse ponto de vista, isto é, do "grau de integração" na sociedade neobrasileira, Ribeiro distingue as seguintes situações:

1. *Grupos isolados.* Compreende os grupos arredios ou hostis, cujo território não foi alcançado pelas frentes de expansão.
2. *Grupos em contato intermitente.* Inclui as tribos situadas em regiões de baixa densidade demográfica, como a Amazônia e o Centro-Oeste. Embora já atingidas pelas frentes pioneiras, encontram-se a salvo de incursões, devido à atuação protecionista oficial.
3. *Grupos* em *contato permanente.* Nessa situação encontram-se as tribos que, embora conservem certos elementos da tradição ancestral, como a língua, a cultura material e outros, dependem do fornecimento de bens da civilização, aos quais se habituaram e dos quais não mais podem prescindir.
4. *Grupos integrados.* Nessa categoria são reunidos os grupos que, tendo transitado pelos estágios anteriores, ou passado diretamente do primeiro a este último, perderam a língua e outras características tribais e raciais, mantendo, contudo, forte ligação e lealdade à sua identidade indígena. Dependem economicamente da sociedade em meio à qual estão ilhados, e lutam para preservar as terras que lhes restam e sua condição de índios.

Com base nessa tipologia, Darcy Ribeiro formula um "conceito operativo de índio" que possa incluir esses vários contingentes. Ou seja, todos aqueles que se consideram índios, não obstante a perda ou a descaracterização de seus traços raciais e culturais. Assim sendo,

> **"índio é todo indivíduo reconhecido como membro de uma comunidade de origem pré-colombiana, que se identifica como etnicamente diversa da nacional e é considerada indígena pela população brasileira com que está em contato.".**

Essa conceituação foi incorporada à legislação vigente e é aceita por todos os que tratam do problema indígena.

QUANTOS ERAM OS ÍNDIOS DO BRASIL PRÉ-COLOMBIANO

Dificuldades metodológicas e a precariedade de dados históricos impossibilitam uma uniformidade de opiniões quanto ao montante da população aborígene na época da conquista da América. A avaliação mais baixa dos chamados estudos "clássicos" é de 8 milhões e 400 mil índios e, a mais alta, de 40 a 50 milhões, para toda a América. Se aceitarmos essa última estimativa, verificaremos que, em quatro séculos, a população nativa americana foi reduzida a um oitavo do montante original. Estudos recentes, porém, mostram que o descenso foi muito mais drástico, devido principalmente à incidência de doenças antes desconhecidas (varíola, gripe, sarampo, tuberculose, sífilis etc.) e ao rigor da escravidão.

A maior crítica dos estudiosos de demografia histórica americana às avaliações antigas é a de que elas não levaram em conta testemunhos, como o do padre Bartolomeu de las Casas, que responsabilizou os espanhóis pelo genocídio de 40 milhões de índios em apenas sessenta anos.

Outra restrição feita pelos antropólogos modernos é não terem os chamados "clássicos" levado em consideração os efeitos das epidemias sobre povos sem defesas orgânicas contra nossos vírus e bacilos. A propósito, vale citar o depoimento do padre Manuel da Nóbrega:

> **"Uma coisa nos acontecia que muito nos maravilha a princípio e foi que quase todos os que batizamos, caíram doentes, quais do ventre, quais dos olhos, quais de apostema; e tiveram ocasião os seus feiticeiros de dizer que lhes dávamos a doença com a água do batismo e, com a doutrina, a morte.".**

É preciso lembrar que o aperfeiçoamento da vacina contra a varíola só se deu por volta de 1800.

No caso do Brasil, existem dados de observação direta, por parte de etnólogos, que encontraram tribos virgens de contato com o branco. Inúmeros exemplos de depopulação proveniente de epidemias que atacavam grupos indígenas são relatados por Darcy Ribeiro em *Os índios e a civilização*. O efeito sobre a população indígena das doenças levadas pelos civilizados, que ainda ocorre, pode, portanto, ser adotado como outro critério de avaliação da população original. Esse fenômeno é agravado pelo fato de, simultaneamente, decair a taxa de natalidade. Isto é, o circuito de contágio que se produz, quando dos primeiros contatos entre populações indígenas e não indígenas, traz vários problemas. Além de causar enorme mortandade, não só por efeito das doenças como por desorganizar a vida tribal (todos os seus membros sendo atingidos, não há ninguém para buscar água, lenha e os produtos da roça), afeta também o índice de natalidade que, em casos extremos, cai a zero, durante anos seguidos.

Calculando o declínio da população segundo esse critério, Dobyns chega à conclusão de que, por efeito de moléstias e outros agentes deletérios, a depopulação do México Central deve ter sido à razão de 20 a 1. Isto é, onde havia vinte indivíduos na época da conquista, restou um só, 130 anos depois. Em algumas regiões do antigo império Inca, a queda da população em uma geração chegou à taxa de 25 a 1 e até mesmo de 100 a 1. De 2 milhões de índios, em 1492, sobraram 20 mil, em 1685, na região costeira entre Lima e Paita, no Peru.

Dados etnográficos sobre a depopulação de índios na Terra do Fogo mostram que, no caso dos Ona, por exemplo, a taxa de mortalidade foi de 50 a 1 entre 1870 e 1950, isto é, em apenas oitenta anos. A dizimação do subgrupo Nambiwára, Sabané, foi ainda mais drástica, porque ocorrida em muito menos tempo: de 20 a 1, em 22 anos.

Outro exemplo do Brasil é dado por Dobyns no caso dos índios Kayapó das margens do rio Araguaia. Os padres dominicanos se estabeleceram na região em 1903 para dirimir os conflitos entre esses índios e seringueiros que penetraram em seu território. Anos mais tarde, os dominicanos estimaram a população Kayapó em 6 a 8 mil indivíduos. Em 1918 estavam reduzidos a quinhentos índios e, em 1929, a apenas 27, num declínio de 222 a 1, que os levou à extinção. Em 1958, havia uma única sobrevivente.

Tomando por base o cálculo da população no momento em que cessam de atuar os agentes dissociativos e o grupo inicia um movimento de recuperação de seu contingente populacional, Dobyns multiplica essa cifra por 20 e por 25, chegando às seguintes estimativas:

AVALIAÇÃO DA POPULAÇÃO NATIVA AMERICANA

Área	População recuperada	Data da recuperação	Projeções x 20	x 25
América do Norte	490.00	1930	9.800.00	12.250.000
Civilização mexicana	1.500.00	1650	30.000.000	37.500.000
América Central	540.000	1650	10.800.000	13.500.000
Ilhas do Caribe	22.150	1570	443.000	553.750
Civilização andina	11.500.00	1650	30.000.000	37.000.000
América do Sul marginal	450.00	?	9.000.000	11.250.000
Hemisfério ocidental			90.043.000	112.553.750

Essa estimativa de um mínimo de 90 milhões de habitantes para a América pré-colombiana se aproxima do cálculo de outro estudioso de demografia histórica, Pierre Chaunu, feito em 1963.

Num trabalho publicado em 1972, Pierre Clastres calcula a população Guarani do Brasil, do Paraguai, do Uruguai e da Argentina, de antes da conquista, tomando por base dados dos cronistas do século XVI sobre a extensão do território tribal (350 mil km^2), a distância entre as aldeias (9 a 12 km) e o número médio de habitantes por aldeia (seiscentos, tomado por baixo). Clastres chega à conclusão de que, antes da chegada dos europeus, havia cerca de 1.404.000 Guarani no retângulo compreendido entre o alto rio Paraguai e a costa atlântica, com uma média de 4 habitantes por km^2.

Os estudos de Clastres refutam totalmente os chamados "clássicos". Assim, comparada com a estimativa de Julian H. Steward (200 mil Guarani no Brasil e no Paraguai, ou cerca de 28 habitantes por 100 km^2), a retificação de Clastres sextuplica a população Guarani.

Pierre Chaunu estima a população do México, de 1519, equivalente à da França, em 1789, isto é, 50 habitantes por km^2. Nesse raciocínio, calcula a população do continente em 80 a 100 milhões de americanos, que representavam a quarta parte da humanidade do período. A título de comparação, basta dizer que Tenochtitlán, a capital dos astecas, contava com 300 mil habitantes, segundo o testemunho dos cronistas da época, ao passo que Sevilha, a principal cidade espanhola do século XVI, contava com 120 mil e Lisboa, com 100 mil, dos quais 10 mil escravos e 7 mil artesãos estrangeiros.

É relevante recordar que o mapa etno-histórico do Brasil e regiões adjacentes, de Curt Nimuendaju, elaborado em 1944 e publicado em 1982, enumera 1.400 tribos pertencentes a quarenta famílias linguísticas. A publicação do ingente esforço de Nimuendaju, baseado em sua experiência de quarenta anos de trabalho de campo e na consulta a 973 fontes bibliográficas, permitirá uma reavaliação do montante da população nativa brasileira em melhores bases.

De qualquer forma, o vulto do genocídio praticado pela conquista e colonização europeia na América, pelo contágio, muitas vezes proposital, de doenças, da brutalidade da escravidão e das condições de vida impostas aos índios, não tem paralelo em toda a história. Para justificar sua ferocidade, os europeus chegaram a negar a condição de criaturas humanas aos habitantes da América. Foi preciso que uma bula do papa Paulo III, de 9 de junho de 1537, proclamasse os índios "verdadeiros homens e livres".

O testemunho abaixo transcrito, um dos poucos que a etnologia registra, revela a iniquidade da escravidão, tal como a sentiu um asteca de Tlatelolco, México, em 1528:

> **Nos puseram preço: preço de jovem, preço de sacerdote,**
> **de criança e de donzela.**
> **Basta: o preço de um pobre**
> **era um punhado de milho.**
> **Dez tortas podres era o nosso preço.**

Do escambo à escravidão

"vós outros *mairs* sois grandes loucos, pois atravessais o mar e sofreis grandes incômodos, como dizeis quando aqui chegais, e trabalhais tanto para amontoar riquezas para vossos filhos ou para aqueles que vos sobrevivem! Não será a terra que vos nutriu suficiente para alimentá-los também? Temos pais, mães e filhos a quem amamos; mas estamos certos de que, depois de nossa morte, a terra que nos nutriu também os nutrirá, por isso descansamos sem maiores cuidados."

Discurso de um Tupinambá anotado por
Jean de Lery, Rio de Janeiro, 1558

Neste capítulo, cujo título emprestamos a Alexandre Marchant, tratamos das primeiras oito décadas da colonização.

Os portugueses de 1500 já tinham experiência no trato com povos nativos das colônias da África e da Ásia. Estabeleciam feitorias em pontos estratégicos do litoral e procuravam monopolizar o comércio, eliminando os concorrentes. No Brasil, foi adotado esse modelo. O feitor era o representante do rei na Colônia e o intermediário com quem tratavam os traficantes do pau-brasil. As propriedades corantes da ibirapitanga (*Cesalpinia echinata*), usada para tingir tecidos, despertou desde logo o interesse do comércio europeu. Ao feitor cabia adquirir a mercadoria dos nativos e armazená-la até que fosse embarcada para Portugal. A feitoria tinha, além disso, funções políticas, pois resguardava os direitos da Coroa à posse da terra e protegia seus interesses contra os ataques das tribos hostis e a cobiça estrangeira.

A primeira partida de pau-brasil deve ter sido embarcada no próprio navio que Cabral mandou a Lisboa anunciar o descobrimento. Em 1502, o rei contratou o tráfico de pau-de-tinta e de *escravos* com Fernando de Noronha e um grupo de comerciantes lisboetas, que armariam seis navios por ano durante três anos. Os traficantes portugueses sediaram seus entrepostos em Cabo Frio, na Bahia e em Pernambuco, percorrendo outros trechos da costa devido à grande dispersão da ibirapitanga. Seus maiores concorrentes eram os franceses, interessados nesse comércio e também em assenhorear-se da terra, já que os reis da França não reconheciam o direito de Portugal e de Castela sobre os vastos territórios do Novo Mundo.

Uns e outros se voltavam para os indígenas em busca de auxílio para a extração do pau-brasil. Não havendo animais de tração para arrastar as árvores do local de abate ao de embarque, careciam do braço indígena, que também era necessário para o reabastecimento das naus, de lenha, de provisões e de água.

> "Em troca de camisas, chapéus, facas e outros artigos" – escreve Marchant – "e com ferramentas que os franceses lhes davam, os índios cortavam, desbaratavam, serravam, falqueavam e torravam o pau-brasil. Depois levantavam nos ombros os toros e os conduziam, duas ou três léguas por montanhas e terrenos acidentados até beira-mar, aos navios ali ancorados."

Essa informação, tomada de Jean de Lery, deve ser válida também para os portugueses. Tanto estes quanto os franceses faziam uma espécie de permuta com os índios, que os historiadores preferem chamar *escambo*, porque não se trata, evidentemente, da troca de mercadorias de valor equivalente, mas, em grande medida, da permuta de objetos por trabalho. A solução francesa, porém, não incluía o estabelecimento de feitorias que, além de dispendiosas, estariam sempre sujeitas ao ataque dos reinóis de Portugal. O equivalente do feitor português era o intérprete francês, que estabelecia boas relações com os índios e lhes fazia as encomendas.

Os gentios cedo se deram conta do que queriam os brancos. Pero Lopes de Souza conta que, velejando ao longo da costa pernambucana, em 1531, vieram alguns índios nadando com extraordinária rapidez até a nau, para perguntar se ele queria algum pau-brasil.

O comportamento de uns e outros em relação aos índios também diferia muito. Os portugueses, senhores da terra, defendiam seu domínio de pleno direito. Os franceses tiveram de conquistar a amizade dos índios para torná-los seus aliados. Enquanto os jesuítas – Nóbrega, Anchieta e outros – procuravam substituir as crenças indígenas pela fé cristã, os intérpretes franceses não somente se empenhavam em assimilar os costumes dos índios, como, não raro, compenetravam-se de tal modo desse papel, que poderiam ser tomados por verdadeiros nativos. Se se podia encontrar, àquela época, um ou outro português ostentando no lábio e nas bochechas furadas os adereços Tupinambá, isso era ainda mais frequente entre os intérpretes franceses.

Além da ibirapitanga, os navios portugueses e franceses adquiriam, por escambo, papagaios, araras e saguis, muito populares então na Europa, sobretudo na corte de Catarina de Médicis. Data dessa época a aventura vivida por cinquenta índios Tupinambá levados a Ruão para uma homenagem a Henrique II e Catarina de Médicis. Nessa cidade, que importava muitos produtos do Brasil, representaram suas danças, seus folclores e até um arremedo de guerra, para deleite da corte francesa.

São escassas as informações a respeito dos trinta primeiros anos da descoberta do Brasil. As que existem indicam que os portugueses usaram o escambo sempre que quiseram obter o braço indígena, víveres, pau-brasil e outros artigos. Essas informações não mencionam que eles tenham escravizado os índios para alcançar esses objetivos.

Com a vinda de Martim Afonso de Souza em 1531 e três anos mais tarde a divisão do Brasil em capitanias hereditárias, tem lugar a modificação das tranquilas relações entre portugueses e índios. Já então, o escambo de produtos se torna inadequado, assumindo importância cada vez maior o uso do mesmo sistema para conseguir trabalho.

O regimento dos donatários lhes dava plenos poderes na Colônia, até mesmo o de impor a pena de morte. Os colonos recebiam um trato de terra e pagavam um dízimo ao donatário de toda a produção. Eram livres para comerciar entre si, mas não podiam, sem licença do donatário, traficar com os índios. Os colonos constituíam dois tipos de plantação: a que chamavam *roça*, dedicada ao plantio de gêneros alimentícios, sobretudo a mandioca; e as *fazendas*, grandes plantações de açúcar e um pouco de algodão, destinadas à exportação.

De início, apareceram, para prestar auxílio aos portugueses, os índios das proximidades de cada colônia. Os meios para obter essa ajuda enquadravam-se ainda no padrão do escambo que fora coroado de pleno êxito na fase anterior. Agora, embora os índios tivessem comida à vontade para fornecer aos portugueses, estes careciam mais vitalmente de seu trabalho nas fazendas para converter as colônias em centros produtivos, de lucro fácil e imediato.

Os índios tinham poucas necessidades que facilmente satisfaziam com seus próprios recursos. Possuíam fartas roças, plantadas e colhidas pelas mulheres, enquanto os homens se dedicavam à caça e à pesca, também abundantes. Os caciques não tinham grande autoridade em tempos de paz, que dividiam com os pajés. E tribos vizinhas, ainda que falando a mesma língua, guerreavam mutuamente.

A princípio, era indiferente para os índios o contato com franceses ou portugueses. Passado algum tempo, os franceses se tornaram amigos e aliados dos Tupinambá e os portugueses, dos Tupiniquim. Os donatários que se estabeleceram em terras dos primeiros, como Francisco Pereira Coutinho, na Bahia, e Pero Lopes de Souza, em Pernambuco, sofreram com suas represálias.

Dos índios do litoral, os Tupinambá localizados em torno da Bahia e de Pernambuco tinham a agricultura mais desenvolvida. Os Tupiniquim, em torno das colônias de Ilhéus, Porto Seguro e Espírito Santo, tinham uma agricultura mais incipiente, mas eram hábeis caçadores e pescadores. De qualquer modo, os alimentos abundavam nas aldeias indígenas e havia um excesso para permuta com os portugueses. O escambo por ferramentas e outros objetos era usado para obter alimento das roças dos índios, bem como caça e peixe. Assim, os colonos do Espírito Santo, da Paraíba e de Pernambuco ficaram dependentes dos índios para adquirir comida. A construção de casas e fortificações, a derrubada de matas para a formação das lavouras e mesmo a ajuda em roças e fazendas se fizeram com o braço indígena, por meio do escambo.

Esse sistema continuou a operar sobretudo para a exploração do pau-brasil. Mas este era monopólio régio e, como começou a escassear perto da costa, os agentes dos traficantes prometiam grandes recompensas aos índios para buscá-lo mata adentro. O resultado foi que os utensílios de ferro e as quinquilharias já não satisfaziam aos índios, que pediam roupas coloridas e miçangas, que nem todos os portugueses podiam dar. Por fim, os índios começavam a ganhar até espadas e mosquetes.

Essa competição entre colonos e traficantes de ibirapitanga tornava mantimentos e braços caros e difíceis de obter. A recusa dos índios de trabalhar, se não em troca de valiosos objetos, determinou uma alta no custo de vida e no desprestígio dos portugueses, porque os índios se consideravam livres de fornecer mantimentos e braços, segundo o valor das mercadorias que recebiam em troca. Dessa forma, o escambo ia se tornando insatisfatório como meio de os portugueses obterem o que queriam. Apresenta-se, então, a alternativa da escravidão.

As primeiras tentativas de fazer escravos não visavam a utilizá-los no Brasil. A nau *Bretoa*, de cujas atividades temos notícias, já levara, em 1511, 35 escravos embarcados em Cabo Frio. Martim Afonso tinha o direito de mandar 48 escravos por ano do Brasil para Portugal. Duarte Coelho e outros donatários podiam mandar 24, além de utilizar outros na guarnição de navios.

O Brasil exportou escravos antes de importá-los, diz um historiador. Não há prova direta da escravidão negra no Brasil ao tempo dos donatários, embora Martim Afonso e outros já tenham trazido alguns. O tráfico regular de negros teve início em 1568, uma vez que era muito mais barato apanharem-se escravos índios na mata do que pagar 20 a 30 libras inglesas por "peça" trazida da África.

São escassos os documentos do uso de escravos índios no Brasil anteriormente a 1549. Dois anos antes fora feita uma grande expedição contra os Carijó, nas cercanias de São Vicente, muitos dos quais foram aprisionados e vendidos em várias capitanias. O assalto às aldeias indígenas, praticado pelos caçadores de escravos, é responsável pelas guerras que agitaram esse período. Segundo depoimento de Nóbrega, o fato de os índios andarem vendendo seus filhos mostra um modelo de comportamento desenvolvido pelos primeiros traficantes de escravos.

Concorria também para essas guerras o incitamento dos franceses, sobretudo nas colônias situadas em terras então em mãos dos Tupinambá.

Em Itamaracá somavam-se as duas causas: a presença de Tupinambá aliados dos franceses e as tentativas do donatário de escravizar os índios nos trabalhos da florescente cultura canavieira. Como ele tinha mais recursos que os outros donatários, contratou soldados mercenários que deram combate aos índios, obrigando-os a se internarem na mata. Em Ilhéus, Porto Seguro e São Vicente, onde viviam os Tupiniquim, a instalação de vilas e engenhos foi acompanhada de lutas que podem ter sido causadas por tentativas de escravização.

Outras guerras decorreram da escravização dos índios, estas intertribais, em que os vencedores entregavam seus cativos aos brancos para salvaguardar a própria liberdade.

Com o malogro das donatárias, em 1549, é estabelecido o governo-geral.

A principal tarefa de Tomé de Souza, primeiro governador-geral do Brasil, foi defender os estabelecimentos portugueses contra os índios hostis e os franceses. O rei ordenou-lhe a proibição de novas escravizações de índios e a promoção do progresso da Colônia, fazendo a terra pagar os capitais e esforços humanos nela investidos. Duas coisas difíceis de conciliar. Se Tomé de Souza permitisse aos colonos continuar a obter braços indígenas pela força, teria de enfrentar mais guerras. Se conseguisse fazer cessar as incursões dos colonos às aldeias indígenas, cessaria o suprimento de braços, pondo em perigo de abandono as lavouras e os engenhos.

A solução adotada por Tomé de Souza foi atender aos interesses do rei e dos colonos. Ordenou que só os índios hostis aos portugueses fossem assaltados e apenas por tropas do governador ou por colonos por ele autorizados. Os índios capturados nessa "guerra justa" poderiam ser escravizados. Com isso, buscou ganhar a lealdade dos índios amigos, proteger os interesses dos colonos e abrir caminho à destruição sistemática das tribos hostis.

A segunda providência de Tomé de Souza foi regular o comércio dos índios com os portugueses, pois aqueles possuíam mantimentos de que careciam os europeus e estes, utensílios que os indígenas cobiçavam. Restabeleceu, sempre que possível, o escambo como método para essas transações e, como agentes, utilizou os jesuítas. Procurou atrair os índios amigos para as proximidades das colônias, com o que dariam proteção aos portugueses contra as tribos hostis, forneceriam mantimentos de suas próprias lavouras e braços para as grandes plantações de cana. Levou ainda mais longe essa política, "doando" aos índios livres terras próximas aos estabelecimentos dos brancos, em troca da ajuda que lhes dessem na guerra. Ao mesmo tempo, proibiu os colonos de maltratar os índios e, em cada aldeia, concedia favores a um chefe que se tornava responsável pelo comportamento de seus subordinados. O estabelecimento dos índios perto das vilas portuguesas correspondia também ao desejo dos jesuítas, cuja principal missão era converter o gentio e isso se tornava mais fácil com os índios domados e aldeados.

Assim se processavam as relações entre índios e portugueses na Bahia, entre 1549 e 1553. Através do escambo, o governador e os jesuítas conseguiam alimentos e trabalho para os colonos. Isso era muito importante na cidade, onde se concentrava maior número de europeus. Nas fazendas, os mantimentos eram obtidos pelo trabalho escravo, que cultivava roças e lavouras de cana. Mas esses suprimentos eram insuficientes e Tomé de Souza mandou navios buscarem farinha em outros pontos da costa, sobretudo em Pernambuco, pagando aos colonos em dinheiro e aos índios em espécie. Instituiu-se, também, um mercado para a obtenção de víveres. Num dia aprazado, os índios livres, espalhados em torno da cidade de Salvador, traziam seus produtos e em troca recebiam pentes, espelhos, facas, tesouras, foices, machados, enxadas e anzóis. Traziam também madeiras para as construções e folhas de palmeira.

O escambo continuou também no tráfico do pau-brasil, embora estivesse agora sujeito à supervisão do governador. Competia-lhe limitar o valor e a quantidade dos objetos entregues aos índios, reduzindo, desse modo, o preço da ibirapitanga e a competição que esse comércio fazia com o local, na disputa pelo trabalho indígena.

Em outros pontos do Brasil, houve também uma volta ao escambo como modo de transacionar com os índios, embora tomasse feição diversa. Em São Vicente, cercada de índios Tupiniquim amigos dos portugueses, o escambo era usado não só na obtenção de víveres, mas, também, de escravos. Assim, em vez de os portugueses tentarem obtê-los diretamente, usavam os Tupiniquim como intermediários, que, desse modo, tinham um estímulo a mais para fazer guerra a seus inimigos Tupinambá e Carijó. Ainda assim, os portugueses de São Vicente tiveram de importar farinha dos Tupinambá, que cultivavam muita mandioca. O trabalho nos campos e nos engenhos era obtido pela escravização de cativos feitos em "guerra justa".

Tomé de Souza, portanto, reimplantou o escambo, para certos efeitos, mas não impediu de todo a escravização. Os colonos que vinham ao Brasil construir fazendas verificaram, desde o tempo das donatárias, que o trabalho obtido pelo escambo não era coisa com que se pudesse contar, nem era suficiente. Em consequência, preferiram o trabalho escravo, mais facilmente disciplinável. Por isso, entravam constantemente em choque com a política do governador e com os jesuítas.

Quando os índios se fartavam das coisas que lhes ofereciam os portugueses, seu interesse pelo escambo evidentemente declinava; mas, quando essas coisas escasseavam, revivia o interesse. Mais ainda, a liberdade e a independência dos índios de prover ou não os portugueses dos alimentos de que necessitavam tão vitalmente tornavam o sistema do escambo progressivamente indesejável, à medida que aumentavam os estabelecimentos ao longo da costa.

Justamente quando de novo enfraquecia o sistema de escambo, desembarcava na Bahia, em 1553, o novo governador-geral, Duarte da Costa. A política do novo governador, ao contrário de seu antecessor, foi desastrada em relação aos índios. Querendo obter o apoio dos colonos, concordou em que eles levassem a efeito incursões indiscriminadas para a caça de escravos. Em pouco tempo já se tornara incapaz de controlar os colonos e entrara em choque com os jesuítas, que propunham que os portugueses só fossem autorizados a tratar com índios convertidos ou catecúmenos, nas suas relações de escambo. Com isso, os índios veriam que ser cristão significava ter todas as vantagens do escambo.

Por essa época, inicia-se a exploração comercial das roças pelos próprios colonos. Com cinco ou seis escravos trabalhando na roça e com a caça e o peixe que trouxessem, o colono podia manter a casa e ainda tinha um excedente para vender. Esse sistema tornava a liberdade dos índios ainda mais precária, ameaçando, até mesmo, a continuação da posse da terra nas proximidades dos estabelecimentos portugueses.

Alguns colonos começam, então, a cogitar da tomada das roças em mãos dos índios livres, a fim de explorá-las com seus escravos; ao mesmo tempo, os fazendeiros, interessados em expandir suas plantações de cana-de-açúcar, passam a considerar as roças dos índios um obstáculo ao desenvolvimento de suas fazendas.

Inicia-se, pois, a luta entre portugueses e nativos pela posse da própria terra. Exemplo disso é um conflito na região da Bahia, em 1555. Os portugueses de um engenho distante estenderam suas lavouras de cana até as roças dos índios livres. Estes atacaram o engenho dizendo que a terra lhes pertencia. Os índios acabaram sendo expulsos por tropas mandadas da cidade, que queimaram as aldeias dos atacantes e escravizaram, como vítimas de "guerra justa", os índios sobreviventes. Depois, embora sabendo que só alguns índios se revoltaram, o governador exigiu de todas as aldeias disseminadas pela região indenizações em escravos, gado e outros produtos.

Os índios vencidos tudo fizeram para aplacar a fúria dos colonos. Mas toda submissão foi inútil. Os colonos, como justificativa, invocavam o fato de o rito antropofágico ter revivido entre alguns grupos.

Para obter mantimentos de índios livres, os portugueses já então usavam de ameaças, em vez de mercadorias, em troca. Em 1557, os índios da Bahia declararam-se numa espécie de greve de fome, recusando-se a plantar para a colheita seguinte. Tinham armazenado o suficiente para seu consumo. Quando esgotaram essas provisões, também curtiram fome. Só então se verificou o quanto os colonos dependiam do alimento fornecido pelos índios livres.

À chegada de Mem de Sá, em fins de 1557, eram gerais as perturbações na Bahia e também em outras localidades disseminadas pelo litoral. Esta situação se agravara pela presença dos franceses no Rio de Janeiro. Para fazer cessar as lutas entre colonos e índios, Mem de Sá lhes moveu uma guerra violenta e ordenou aos índios vencidos que se tornassem cristãos e se agrupassem em algumas aldeias sob a direção dos jesuítas. Com o apoio de Mem de Sá, os jesuítas propuseram-se a manter os índios cristãos livres e a reavivar o sistema de escambo. Entre 1557 e 1562, 34 mil índios agruparam-se em onze paróquias. Embora alguns colonos ainda atacassem os próprios aldeamentos jesuíticos para obtenção do braço escravo, o grosso desses ataques recaía sobre os índios pagãos. Com isso, os jesuítas procuravam mostrar aos índios que, adotando a religião cristã, estariam a salvo das incursões dos colonos.

Esses aldeamentos ganhavam grande importância como produtores de mantimentos. Quando o escambo fracassava e a escravidão afugentava os índios para o sertão, a solução jesuítica vinha assegurar aos colonos a participação do índio catequizado: na vida econômica, como produtor de mantimentos, e no sistema militar, como aliado contra ameaças internas e externas, permitindo esperar a chegada maciça dos escravos negros. Tanta confiança tinha Mem de Sá nos índios aliados, que tomou um grupo deles, da Bahia e de São Vicente, para, em 1560, expulsar os franceses do Rio de Janeiro.

Os períodos de paz, no entanto, foram efêmeros. A expansão das fazendas requeria mais e mais o braço escravo. Movido por essa necessidade e tendo em mente seu direito de escravizar as vítimas de "guerra justa", Mem de Sá inicia, em 1562, uma feroz perseguição contra os Caeté. A tribo dos Caeté vivendo ao norte de Salvador, no rio São Francisco, fora hostil aos portugueses. Eram pagãos e haviam trucidado, em 1556, o primeiro bispo do Brasil, quando seu navio, em viagem a Portugal, naufragou nos Baixios de dom Rodrigo.

Não tardaram os colonos a atacar os próprios aldeamentos jesuíticos, que mantinham índios catequizados dessa nação, sob o pretexto de que estavam aprisionando os Caeté. Manuel da Nóbrega havia-se manifestado a favor dessa guerra, mas contanto que se concentrasse contra os Caeté do São Francisco que haviam morto o bispo. Cedo, viu o terror espalhar-se entre seus catecúmenos. Os aldeamentos ficaram vazios. Não possuindo armas para se defender, os remanescentes se internavam na mata. Ali iam buscá-los os colonos. Dos 12 mil índios aldeados, segundo cálculos do padre Anchieta, sobraram mil. Diante disso, Mem de Sá revoga a ordem de escravização dos Caeté.

A depopulação indígena na Bahia, provocada pela guerra aos Caeté, pelas epidemias e pela fome, atingiu em 1563 cifras brutais: calcula-se que de 80 mil índios teriam sobrevivido de 9 a 10 mil. Essa gente, debilitada e desmoralizada, foi acometida de febre (provavelmente malária), seguida de outra epidemia de varíola, em 1584, enfermidade esta que se alastrara pelo Brasil, segundo Anchieta, desde 1536.

> "A fome que se seguiu às epidemias contribuiu, de modo muito curioso, para a incessante escravização dos indígenas", afirma Marchant. "Parece que alguns índios convenceram-se de que os portugueses tinham mantimentos (...) se ofereciam como escravos em troca de um prato de farinha. Quando alguns colonos recusaram tomá-los como escravos, eles voltaram com ferros nos braços e pernas, esperando que assim os colonos os tomassem..."

Anchieta deixou um relato comovente sobre a caça aos escravos:

> "... Os portugueses vão ao sertão e enganam esta gente, dizendo-lhes que se venham com eles para o mar, e que estarão em suas aldeias, como lá estão em sua terra (...). Os índios, crendo que é verdade, vêm-se com eles, e os portugueses per se os índios não se arrependerem lhes desmancham logo todas suas roças, e assim os trazem, e chegando ao mar, os repartem entre si; uns levam as mulheres, outros os maridos, outros os filhos, os vendem; outros portugueses no sertão abalam os índios, dizendo que os trazem para as igrejas dos padres, e com isto se abalam de suas terras, porque já sabem por todo o sertão, que somente gente que está nas igrejas, onde os padres residem, tem liberdade, que toda a mais é cativa, e chegou a cousa a tanto que um português, indo ao sertão buscar gente, fez a coroa como clérigo, e com isto dizia que era padre, que os ia buscar para as igrejas.".

Uma descrição sucinta do colono aviltado pela prática da escravidão – do mesmo modo como, por meio dela, aviltava sua vítima – é dada por Manuel da Nóbrega em 1550:

"Os homens que aqui vêm não acham outro modo senão viver do trabalho dos escravos, que pescam e vão buscar-lhes alimento, tanto os domina a preguiça e são dados a coisas sensuais e vícios diversos.".

Essa informação é corroborada por Pero Magalhães Gandavo (*Tratado da terra e da gente do Brasil*), quando observa que nada gastava o colono com seus escravos,

"porque os mesmos escravos índios da terra buscam de comer para si e para os senhores..."

bastando ter dois ou três para viver-se folgadamente.

Em 1580, a população branca era calculada em 35 a 40 mil almas. Enquanto a população europeia se expandia, a indígena minguava. Por essa época, o país já começa a tomar feição diversa no Norte e no Sul. Em Pernambuco, a indústria açucareira experimenta grande progresso, possibilitando a importação do braço negro. Nas regiões temperadas do Sul, onde não se aclimatara a cana-de-açúcar, dá-se maior miscigenação entre brancos e índios e, com a ajuda desses últimos, inicia-se o devassamento do remoto sertão. Mas a animosidade que se estabeleceu entre índios e colonos só acabaria, como disse José de Anchieta, com os próprios índios.

Uma festa brasileira em Rouen, França, 1551.

As missões jesuíticas

Desde os primeiros contatos, pareceu aos portugüeses que o aborígene seria facilmente convertido à fé cristã. Essa opinião foi manifestada por Pero Vaz de Caminha, o escrivão da armada de Cabral, na famosa carta:

> **"Parece-me gente de tal inocência que se homem os entendesse e eles a nós, seriam logo cristãos, porque eles, segundo parece, não têm, nem entendem nenhuma crença."**

De igual teor foram as declarações de jesuítas mal desembarcados na nova terra, antes de passarem pelo crivo da experiência catequética que viria provar justamente o contrário. Manuel da Nóbrega, que acreditara ser o índio "um papel em branco, onde se podia escrever à vontade", cedo verificou que era ele "um ferro frio que só se Deus quisesse meter na forja se haveria de converter".

Data de 1549 a chegada da primeira missão jesuítica enviada ao Brasil por D. João III, em companhia do primeiro governador-geral, Tomé de Souza. Era composta por oito missionários sob a chefia do padre Manuel da Nóbrega. Em seu regimento, D. João III assinala que o motivo primordial que o movia a colonizar a nova terra era "para que a gente dela se convertesse a nossa santa fé católica". Na verdade, não era esse o móvel principal e sim a defesa dos interesses portugueses contra a cobiça de outras nações e a exploração econômica da Colônia em proveito da metrópole.

Os índios receberam o jesuíta como a um pajé todo-poderoso, que lhes proporcionaria fartura e bem-estar. Mas, em vez disso, os padres lhes vinham oferecer a salvação extraterrena. A doutrinação pressupunha um entendimento sutil entre padres e catecúmenos. Tornava-se necessário, antes de mais nada, o domínio da língua nativa pelos padres ou do português pelos *aborígenes*. Os valores religiosos que os jesuítas procuravam transmitir aos índios não encontravam grande ressonância em sua cultura. Ainda assim, o índio, atraído pelo ritual católico, deixava-se catequizar e era batizado aos milhares.

A princípio, os missionários tomavam a população indígena como uma unidade, sem distinguir línguas e culturas, atribuindo-lhe, por isso, a designação coletiva de gentio, que tinha implícito o significado de pagão.

A primeira etapa da catequese foi a das missões volantes, ou a doutrinação nas aldeias. Atingia inicialmente as crianças, matéria-prima mais fácil de plasmar. Era--lhes ensinado a ler, escrever, contar e a doutrina cristã. Alfabetizadas e iniciadas na religião, percorriam as aldeias convertendo outros índios. Formavam-se, assim, pequenas escolas, chamadas *casas* para índios não batizados, onde eram doutrinados, simultaneamente, até duzentos índios. Nos *colégios* era ministrada educação mais completa a meninos portugueses, mestiços e índios e se destinava a formar pregadores que ajudariam os jesuítas a converter os outros índios. Os próprios pais enviavam os filhos a tais educandários, onde passavam duas a três horas por dia. A conversão de índios isolados, porém em número razoável, e de tribos inteiras acabou corroborando a presunção – de que alguns religiosos duvidavam – de que os índios eram dotados de racionalidade.

O modo de conversão, nessa primeira fase, é descrito pelo padre Vicente Rodrigues, numa carta de 1552, em que relata sua visita às aldeias indígenas:

> **"O modo como procedo com eles é o seguinte: Primeiro, procuro adquirir a boa vontade dos principais, e depois com eles trato daquilo que aqui me trouxe, isto é: ensinar-lhes a palavra de Deus. (...) Explico a criação do mundo, a encarnação do Filho de Deus, e o dilúvio, do qual têm eles notícia pela tradição de seus ascendentes e ainda falo do dia do juízo, de que muito se admiram por ser cousa em que nunca ouviram falar."**

Mas a catequese não podia se cingir a essa pregação esparsa. Mesmo porque, deixados à vontade, um mês após voltavam aos costumes antigos, inclusive à antropofagia. E isso era corrente até mesmo entre índios que privavam longamente com os jesuítas e os que haviam ido a Portugal.

A solução encontrada foi a dos aldeamentos.

> **"A catequese seria uma quimera" – escreve o padre Serafim Leite – enquanto não se organizassem aldeias com regime próprio de defesa e autoridade. Dispersos pelo sertão, os índios nem se purificariam de superstições, nem deixariam de se guerrear e comer uns aos outros. Era preciso modificar o seu sistema social e econômico."**

Mas cedo verificaram os padres que a segregação dos índios cristãos de seus irmãos pagãos por si só não bastava. A religião e a moral, que lhes eram pregadas pelos jesuítas como as mais justas, de modo algum eram professadas pelos colonos. Não só porque alguns dos primeiros povoadores eram criminosos, que vinham aqui cumprir pena de degredo, mas principalmente porque se haviam tupinizado. Os exemplos clássicos são os de Diogo Álvares ou Caramuru, encontrado pelos portugueses na Bahia em 1531, onde aportara por volta de 1510. Casara-se com a filha de um cacique e já tinha grande prole. Nas mesmas condições foi encontrado, em São Vicente, João Ramalho. Ambos ajudaram os reinóis a implantar as respectivas capitanias, devido às excelentes relações que mantinham com os índios. Por toda parte, havia grande número de mamelucos que, nesses primórdios, identificavam-se com a causa e a cultura indígena. A falta de mulheres brancas frustrou os esforços dos jesuítas em impor costumes moralistas aos colonos, que detinham verdadeiros haréns de índias. Esse foi outro motivo de atrito entre os religiosos e os moradores. Impunha-se, pois, a apartação total dos índios catequizados, para que não sofressem influências que pudessem comprometer o trabalho caquetizador.

Esse processo de reunir os índios em aldeamentos, onde ficavam sujeitos à lei civil e religiosa dos padres, apartados dos colonos e de outros índios, já havia sido adotado pelos jesuítas castelhanos no Paraguai, em cujo exemplo se foram inspirar os portugueses. Propunham também os jesuítas que os colonos só transacionassem com índios cristãos. Com isso muitos seriam atraídos para a fé cristã e seriam favorecidos com os instrumentos e as bugigangas que tanto almejavam.

Os jesuítas exerciam direta ou indiretamente o governo temporal nos aldeamentos. Mem de Sá previu para eles uma organização administrativa semelhante à das vilas portuguesas.

> "Também mandei fazer tronco em cada vila e pelourinho" – escreve o Governador em um dos seus Instrumentos de Serviço – "por lhes mostrar (aos índios) que têm tudo o que os cristãos têm, e para o meirinho meter os moços no tronco, quando fogem da escola, e para outros casos leves, com a autoridade de quem os ensina e reside na vila. São muito contentes e recebem melhor o castigo que nós."

O pelourinho e o tronco foram sobejamente usados pelas autoridades seculares. Também se aplicava o açoite e, nos casos mais graves, a mutilação. As penas deviam não só castigar como servir de exemplo para amedrontar e amesquinhar a soberba indígena.

O meirinho, que era a autoridade civil da aldeia, era escolhido entre os índios mais esclarecidos e muitas vezes investido no cargo pelo próprio governador. Impunha os castigos e obrigava os índios a frequentar a igreja, estando subordinado à autoridade dos padres e sendo, por isso, muito respeitado. Mais tarde, sobretudo após as epidemias e a fome de 1563-1564, em vista das críticas que faziam os colonos contra o governo temporal dos padres nos aldeamentos, os jesuítas sugeriram ao governador que nomeasse capitães portugueses. Estes mal puderam exercer sua função de mediadores e protetores dos índios contra os colonos, porque, de saída, exorbitaram de suas funções em proveito próprio, encaminhando os índios para suas fazendas, ou as de parentes e amigos. A isso atribuíram os padres o despovoamento de inúmeras aldeias. Por outro lado, os índios se dividiam entre a obediência aos padres e aos capitães portugueses, tornando a situação insustentável, o que levou a suprimir-se a investidura dos capitães.

As fugas eram frequentes até mesmo nas aldeias dos padres. Para isso, muito contribuíram os colonos com suas constantes invasões à procura de braços, suas ameaças e mil artimanhas. Na verdade, as fugas eram atos de rebeldia também contra a doutrinação e a disciplina jesuítica nas aldeias. A conversão só se faria mediante a subjugação física do índio. Esse fato, embora negado pela parcialidade de inúmeros historiadores, está perfeitamente documentado, inclusive por jesuítas quinhentistas como Nóbrega.

Os depoimentos jesuíticos, de começo otimistas, passam gradualmente à desesperança de converter o índio pela persuasão. Nóbrega, após dez anos de catequese no Brasil, revela isso no seu *Diálogo da conversão do gentio*, reconhecendo que o índio não é suscetível ao chamamento à fé cristã, dentro das normas e dos procedimentos que usavam os jesuítas. Atribui isso ao fato de o aborígine não ter qualquer noção de Deus. Se fosse judeu, teria sido mais fácil; se houvesse autoridade superior entre eles, convertido o rei estariam convertidos os súditos. Nóbrega chega a propugnar o envio dos meninos índios à metrópole para que lá se educassem longe do convívio perturbador dos pais. E esses meninos, tornados catequistas, viriam a pregar a seus irmãos. Não resta dúvida de que essa seria talvez uma solução, mas o investimento que representava não possibilitou fosse levada à prática ou recebesse apoio, quer da direção da Companhia de Jesus, quer do governo português.

A solução encontrada pelos jesuítas, diante de uma obra que custara tantos sacrifícios e se mostrara vã, foi o uso da força. Até o padre Anchieta prega o uso da força bruta como único modo de converter o índio:

> "Parece-nos agora que estão as portas abertas nesta Capitania para a conversão dos gentios, se Deus Nosso Senhor quiser dar maneira com que sejam postos debaixo do jugo, porque para este gênero não há melhor pregação do que espada e vara de ferro, na qual mais do que em nenhuma outra é necessário que se cumpra o *compelle eos intrare*."

O privilégio legal que tinham os jesuítas de subjugar o índio para comunicar-lhe a doutrina cristã, a licença de deslocá-lo de suas terras para levá-lo aos aldeamentos, era uma forma sutil de escravizá-lo, tolhendo sua liberdade e impondo-lhe uma religião e um modo de vida que não estava apto a receber. Pelo alvará de 28/4/1688 até mesmo a sutil diferença entre escravo e catecúmeno desaparece, ao se permitir fosse escravizado "o índio que impedisse com mão armada a entrada aos sertões e a doutrina dos Santos Evangelhos".

O que resultou da pregação jesuítica não foi, porém, um índio convertido, mas um índio subjugado, domesticado, que vendo desmoralizados os costumes a que estava arraigado, sem ter assimilado a fé que lhe quiseram impor, não encontrava mais motivo nem força para viver. O índio morria de tristeza, tanto quanto de fome, de doença e de provações. Foi o que observou o padre Nóbrega quando escreveu:

> "como os índios para morrerem basta mostrarem melancolia, parece que não é bem tirarem-lhe os Nossos seus costumes, que se não encontram com a lei de Deus, como chorar, cantar e beberem com moderação?".

Sobre a vida dos aldeamentos jesuíticos, valemo-nos da descrição resumida de Alexandre Marchant, em seu já citado livro: *Do escambo à escravidão*:

> "No funcionamento, um aldeamento era muito semelhante aos outros. O governador permitia a cada aldeamento escolher seus funcionários municipais dentre seus membros e copiar muitas das formas do governo municipal dos portugueses. Então os jesuítas tomaram a si a vida religiosa e econômica do aldeamento. Introduzindo uma disciplina de horário na vida dos indígenas, que antes apenas mediam o tempo pelas estações do ano, faziam agora da agricultura e da prática religiosa os dois centros do aldeamento. A instrução religiosa, a princípio razão suficiente para a fundação dos aldeamentos, era agora acomodada à rotina do trabalho agrícola. Pela madrugada, o toque de um sino chamava as jovens solteiras, assim como as casadas. Quando terminava sua instrução religiosa, eram mandadas para o trabalho e para ficar a tecer roupas. A seguir eram reunidos e recebiam os meninos de escola, por duas horas ou mais, instrução de leitura, escrita e doutrina religiosa. Finda sua vez, também eles eram mandados a pescar e caçar para prover de mantimentos a comunidade. Durante o dia e até o anoitecer, os adultos restantes eram convocados, ao toque do sino. Recebiam instrução a essa hora do dia porque ensinar-lhes antes perturbaria seu trabalho nas roças."

Nos aldeamentos, as índias se dedicavam a fiar e a tecer roupas destinadas à comunidade. Grande era a quantidade de mantimentos produzidos, vindo a suprir, em épocas de crise ou de guerra, os colonos e as expedições de conquista. Os índios também se encarregavam da caça e da pesca. Eram os remeiros das canoas e aprenderam os ofícios necessários à construção e à manutenção dos aldeamentos: faziam telhas, ladrilhos, louça, trabalhos de ferreiro, cuidavam do gado.

Dessa forma, os jesuítas preparavam não só a mão de obra necessária ao autossustento da Companhia, como a de que os colonos careciam vivamente para tocar suas roças, fazendas e engenhos. E, ainda, a de que a Coroa prescindia para o combate às tribos hostis a expulsão dos enclaves estrangeiros e a expansão mercantil-colonialista sobre o vasto território. O índio catequizado passa a ser o braço produtivo e o braço guerreiro para as campanhas militares e de devassamento que consolidaram o domínio português no Brasil.

Tanto quanto os colonos, os jesuítas também tiveram de estabelecer um modo de aproximação entre os costumes indígenas e os europeus. Era a "adaptação ao secundário e externo para a conquista essencial do espírito", como diria o padre Serafim Leite. Assim, para captar a confiança dos índios, introduziam canções indígenas, de permeio às portuguesas, enterravam os mortos com música, cortavam o cabelo à moda da terra.

> "Os padres procuraram que a vida das aldeias se repartisse, equitativamente, por estas três manifestações: piedade, trabalho, folguedo" – escreve o padre Serafim Leite. "Este último, dosado, para não provocar dissipações extemporâneas. E assim vamos encontrar nas Aldeias não só danças indígenas e portuguesas, mas teatro, o jogo da laranjada, simulações de guerras, romarias, que no Brasil tinham o nome de jubileus."

O maior empenho dos jesuítas era fazer os índios abandonarem costumes tidos como selvagens, sobretudo os rituais profanos, a antropofagia, a nudez e a poligamia. Combatiam também o hábito da embriaguez, a que os colonos procuravam afeiçoar os índios, para melhor subjugá-los. Por essas práticas eram severamente castigados.

> "A lei que lhes hão de dar" – escreve Nóbrega – "é defender-lhes de comer carne humana e guerrear sem licença do Governador; fazer-lhes ter uma só mulher, vestirem-se pois têm muito algodão, ao menos depois de cristãos, tirar-lhes os feiticeiros, mantê-los em justiça entre si e para com os cristãos; fazê-los viver quietos sem se mudarem para outra parte, se não for para entre cristãos; tendo terras que lhes bastem e com estes padres da companhia para os doutrinar."

A moral cristã imposta pelos jesuítas a seus catecúmenos, como a proibição de casarem-se com mais de uma mulher, encontrou grande resistência. As sociedades Tupi encontradas pelos portugueses eram regidas pelos homens e pelas mulheres maduros e velhos. Uma das recompensas do chefe de tribo, do guerreiro e do pajé era o acesso a mulheres jovens.

Dentro dos mesmos padrões de recato e moral sexual se explica a imposição de vestuário aos índios e a investida contra a casa comunal. A grande maloca, unidade econômica, política e cerimonial indígena, é imediatamente afetada, porque, na visão dos padres, ela representa, por sua própria projeção arquitetônica, um fator de conservação de costumes tribais.

Veja-se a descrição que faz da *oca* (casa) o jesuíta Fernão Cardim:

> "Moravam os índios antes da sua conversão em aldeias, em umas ocas ou casas mui compridas, de duzentos, trezentos ou quatrocentos palmos e cincoenta de largo, pouco mais ou menos... Cada casa destas tem dois ou três buracos sem portas nem fecho. Dentro delas vivem logo cento ou duzentas pessoas, cada casal em seu rancho, sem repartimento nenhum, e moram duma parte e outra, ficando grande largura no meio, e todos ficam como em comunidade, e entrando na casa se vê quanto nela está, porque estão todos à vista uns dos outros sem repartimento nem divisão... Parece a casa um inferno ou labirinto, uns cantam outros choram, outros comem, outros fazem farinha e vinhos, etc. Porém é tanta a conformidade entre eles, que em todo o ano não há uma peleja e, como não terem nada fechado, não há furtos (...)".

Esse caráter igualitário, indivisível, socializante – ao mesmo tempo local apto para trabalhar, dormir, comer, folgar, característico da maloca indígena – ofendia a ideologia mercantilista, puritana e individualista dos missionários. A atomização física da casa, pela repartição das famílias nucleares nela abrigadas por choças, atribuídas a cada casal, atingiu a estrutura socioeconômica e a vida cerimonial de seus ocupantes. Outra não era a intenção dos jesuítas quinhentistas, como, mais tarde, dos que também arrasaram a majestosa maloca dos índios do rio Negro.

A ação jesuítica tratou também de eliminar outra ofensa grave ao pudor da época, que era a ostensiva nudez indígena. Não só cobriu de toscas vestes os corpos (camisas que os cobriam até os pés), como despiu-os de seus adornos "deformadores" à visão dos jesuítas. Era a maneira de visualmente cristianizá-los, uma vez que o corpo, principalmente suas partes pudendas, era o *locus* do "pecado", da lascívia, da dissolução, das "tentações do demônio". A eliminação dos adornos corporais e sua cobertura descaracterizavam e indiferenciavam os índios dos europeus e, exteriormente ao menos, deram aos padres a sensação de havê-los domado. Por outro lado, órgãos genitais descobertos não podiam ser exibidos aos olhares pudicos dos padres e, menos ainda, em lugares sagrados. Inclusive, porque fazia parte da ideologia da Igreja a mortificação do corpo para expurgá-lo de desejos. Nesse sentido, ainda, a violência dos castigos corporais tem substrato na mentalidade ética e masoquista dos padres.

Novos hábitos de trabalho e os poucos de lazer, novos cânones de beleza, a nova moral e o novo saber iam sendo paulatina e irreversivelmente implantados. Até fins do século XVI, havia três colégios jesuíticos funcionando: Bahia, Rio de Janeiro e São Paulo. O instrumento da "conquista das almas" era o Tupi, que permaneceu como língua franca em inúmeras regiões, até o século XVIII, e no alto rio Negro, até nossos dias. Integradores de grupos étnicos diversos – que, dessa forma, se descaracterizavam –, os colégios jesuíticos eram, no entanto, discriminatórios porque excluíam os escravos, os negros e os índios. Neste último caso, os índios eram duplamente rebeldes, à doutrinação e à escravização.

Mais que a caridade cristã, motivava os padres o interesse econômico. Esta foi a causa de suas maiores desavenças com os colonos, porque colidia, frontalmente, com seus próprios interesses. Na verdade, alguns jesuítas levaram muito longe a mercantilização do trabalho indígena, sendo repreendidos por seus próprios superiores, até que a Companhia proibiu, em 1591, que eles recebessem quaisquer esmolas dos índios.

Como se vê, a tarefa que se propôs a Companhia de Jesus no Brasil não era tanto salvar almas, mas, sobretudo, os corpos, para que servissem à colonização. Ao índio flecheiro, lavrador, ao índio *gendarme* de seu irmão de raça e do escravo negro, cumpria preservar. Sugestivo, a esse respeito, é um comentário do padre Manuel da Nóbrega:

> "Sujeitando-se o gentio, cessarão muitas maneiras de haver escravos mal havidos e muitos escrúpulos, porque terão os homens escravos legítimos, tomados em guerra justa e terão serviço e vassalagem dos índios e a terra se povoará e Nosso Senhor ganhará muitas almas e Sua Alteza terá muita renda, porque haverá muitas criações e muitos engenhos, já que não haja muito ouro e prata.".

Se o primeiro dos objetivos dos jesuítas – o de salvar almas – não se cumpriu, o segundo, que era servir à colonização, de certo modo foi atingido. Não fora a ação catequética, muito mais difícil se tornaria aos colonos obter o braço indígena.

O catecúmeno era muito mais dócil que o pagão. Muito se empenharam os jesuítas para transformar o índio em trabalhador obediente e disciplinado, em vencer sua resistência a um trabalho constante e contínuo e a uma atividade mercantil com cujos propósitos não podia atinar.

Os jesuítas forneciam mão de obra indígena às fazendas e aos engenhos, mas se precaviam impondo a condição de serem os índios devolvidos aos aldeamentos, findo o trabalho para o qual haviam sido requisitados. Cristóvão de Gouveia ordenou que

> **"não se deem índios das Aldeias, que estão a nosso cargo, a nenhuma pessoa de fora por mais de três meses contínuos, quando muito, nem se lhes deixem comumente levar as mulheres."**

Os aldeamentos também forneciam suprimentos de farinha e outros produtos aos portugueses. Ao governo-geral, porém, é que os índios aldeados prestavam maiores serviços, por ordem dos jesuítas. É muito ilustrativo, a esse respeito, o testemunho do governador-geral do Brasil, em 1605, D. Francisco de Souza:

> **"É verdade que, em onze anos que governei este Estado do Brasil, todas as vezes que me foram necessários índios das Aldeias, que os padres da Companhia têm a seu cargo, assim para fortalecer a cidade com fortes, trincheiras, etc., como para os rebates de inimigos franceses e para vigiarem a costa para que os inimigos não desembarcassem e fizessem aguada; e também para darem assaltos aos negros da Guiné, que faziam muito dano aos moradores desta cidade, como também para defenderem as fazendas e engenhos do gentio aimoré, os ditos padres da Companhia de Jesus, a meu recado acudiam com muita diligência com os ditos índios, indo em pessoa, quando era necessário buscá-los às aldeias."**

O terceiro objetivo, que era o sustento da Companhia e o envio do excedente à Europa, foi talvez o que mais frutificou. Ao serem expulsos os inacianos, por ordem do marquês de Pombal, em 1759, deixaram aqui um notável acervo em terras, fazendas, gado, escravos e muitos outros haveres.

Nos séculos XVII e XVIII, à medida que a colonização progredia rumo ao norte, ocupando as províncias do Maranhão e Grão-Pará, os jesuítas fizeram entradas pelo sertão para arrebanhar as ovelhas desgarradas, procedendo aos célebres descimentos e à concentração dos índios nas reduções. Com a chegada de novas ordens religiosas, os jesuítas continuaram reclamando somente para si o trato com o gentio.

A perseverança jesuítica numa obra que se revelara vã, que "... de catequese nem mais as aparências possuía, tal o processo islâmico de convencer pela força", é explicada pelo historiador Mecenas Dourado, com as seguintes palavras:

> **"Enfim, se dissermos que todos estes motivos – caridade, interesse econômico e pudor em se desdizerem do bem que disseram do gentio – concorreram para a continuação da catequese, estaremos mais próximos à verdade histórica que é sempre complexa mas não inatingível."**

Sob o pretexto de propagação da fé cristã, legitimou-se a violência, a escravidão e a morte. Era o substrato ideológico de que a Metrópole necessitava para levar avante sua empresa mercantilista. Trazia em seu bojo a noção de "império da fé, da ordem e da civilização". Ou seja, a implantação da lei e da hierarquia, onde só havia o caos; a imposição da civilização sobre a barbárie. A própria terra, exuberante e desordenada, a exemplo de seus ocupantes, devia ser disciplinada, refeita. E o exemplo vivo era o modelo europeu. O jesuíta considerou o indígena uma *tabula* rasa, "um papel em branco" em que tudo se pudesse imprimir. E nisso residiu o grande erro da pedagogia jesuítica, calcada no seu eurocentrismo e no total desprezo pelas culturas tribais.

O ÍNDIO E A EXPANSÃO TERRITORIAL: SÉCULOS XVII E XVIII

MISSIONÁRIOS E COLONOS NO MARANHÃO E GRÃO-PARÁ

Antes da chegada de Cabral, em janeiro de 1500, a foz do Amazonas foi descoberta pelo espanhol Vicente Yáñez Pinzón. Toda a região permaneceu intocada pelos europeus, devido às dificuldades da navegação e à densa floresta. Além disso, os portugueses, ocupados com suas viagens à Índia e com a exploração do pau-brasil no Sul, respeitaram os traçados da linha de Tordesilhas, que atribuía a foz do grande rio aos espanhóis.

A sesmaria do Maranhão, a mais setentrional, concedida ao navegador Aires da Cunha, em 1534, não chegou a implantar-se. Para isso, contribuíram a hostilidade dos Tupinambá e Potiguar, os azares da viagem, com ventos e correntes marítimas que dificultavam a aproximação da costa, e a falta de atrativos econômicos.

Somente no início do século XVII, o Norte do Brasil é alvo, de novo, de investidas por parte dos europeus. Em 1612, os franceses, comandados por La Ravardière, desembarcam no Maranhão. Os habitantes nativos, os Tupinambá, encantados com ferramentas, panos e outros presentes dados pelos invasores, ajudaram-nos ativamente a construir o forte de Saint Louis, na ilha que tomaria o mesmo nome, atual capital do Maranhão.

Dois padres capuchinhos, Yves d'Evreux e Claude d'Abbeville, encarregados da catequese, deixaram a principal crônica dos eventos transcorridos. Em suas obras, demonstram grande compreensão pelos nativos. Falam de sua capacidade de reter tudo que tenham visto e ouvido; da habilidade de traçar na areia os acidentes geográficos e os caminhos para atingi-los; de seu admirável conhecimento das constelações; da previsão do tempo; de sua cordialidade, inteligência; e da beleza das mulheres. As relações amistosas que se estabelecem entre franceses e Tupinambá facilitam a implantação do enclave. Isso se deve, certamente, tal como ocorrera anteriormente no Sul, pelo fato de os franceses perturbarem menos os índios engajando-os em atividades que lhes são estranhas, como as lavouras canavieiras e engenhos.

Alertados, os portugueses avançam em direção ao norte, guiados por mamelucos e guerreiros Potiguar e Tupiniquin. Enfrentam os Kariri do Ceará (grupo "Tapuia" ou Jê), inimigos dos Tupi. Conquistam a amizade dos Tremembé, também "Tapuia", que viviam no litoral maranhense, e começam a hostilizar os franceses. Em 1615, La Ravardière abandona o Brasil.

Vendo-se perdidos, os Tupinambá, aliados dos franceses, tentam aproximar-se dos novos conquistadores, sendo sanguinariamente reprimidos. Em 1621, a população indígena remanescente, concentrada em São Luís do Maranhão, é atacada por uma epidemia de varíola, que em três dias aniquila o que sobrara das 27 aldeias existentes ao tempo de Claude d'Abbeville: cerca de 12 mil índios numa área de 12 mil km^2, o que dá uma média de dez habitantes por km^2. Em menos de duas décadas, estava aniquilada a população Tupinambá da costa do Maranhão e Grão-Pará.

Nesse mesmo ano é criado o estado do Maranhão e Grão-Pará, incluindo o território do Ceará, separado do estado do Brasil. É dividido em seis capitanias. Após a expulsão dos holandeses de Pernambuco, em 1654, o Ceará é desmembrado do novo estado.

Os jesuítas só se estabelecem no novo estado em 1622, fundando um colégio em São Luís e outro em Belém. Até então, os colonos ou moradores, como eram conhecidos na época, regiam o destino dos índios. Dividiam-se em dois grupos: os proprietários rurais, que constituíam a elite local no plano econômico e político; e os comerciantes ou "marinheiros", em sua maioria portugueses, de cujo extrato sairia Manuel Beckman ou Bequimão, cabeça da revolta de 1682, que ocasionou a segunda expulsão dos jesuítas do Estado do Maranhão. Ambos eram representados nas Câmaras de São Luís e Belém.

A base econômica da província era a coleta de produtos nativos, conhecidos como "drogas do sertão": cacau, baunilha, cravo, canela, sementes oleaginosas, madeiras de lei, plantas aromáticas, salsaparrilha. João Daniel, em sua conhecida obra *Tesouro descoberto no máximo rio Amazonas*, fornece uma relação completa dessas especiarias e afirma que 80 mil arrobas de cacau eram exportadas anualmente para Portugal (12.500 toneladas). Tratava-se, pois, de uma economia mercantilista de exportação, que não se preocupava em criar um mercado de consumo interno.

O empreendimento exigia, contudo, o provimento de mão de obra adaptada à região, ou seja, conhecedora dos produtos que se desejava exportar e do local onde poderiam ser encontrados. Para isso, a força de trabalho indígena era a ideal. Não só por ser farta e barata, se comparada ao braço escravo africano, como também porque poderia ser empregada nas atividades agrícolas e em todo o tipo de serviço que a implantação do núcleo colonial exigia. O próprio comércio escravista era lucrativo. Comprado o índio a 4 mil-réis nos altos rios, era revendido a 15, 20 ou 60 em São Luís ou Belém.

As expedições de caça ao índio, por volta de 1640, já se faziam no alto Amazonas, uma vez que toda a indiada do Maranhão e baixo Amazonas havia sido gasta, tal a devastação. Essas expedições eram empreendidas pelos comerciantes locais, isto é, era um negócio interno da Colônia, ao contrário do tráfico negreiro empreitado pelas famosas Companhias de Comércio metropolitano, engajadas de suprir essa "mercadoria" aos centros mais prósperos do Nordeste açucareiro.

Essas expedições "particulares" eram organizadas pelos proprietários das embarcações, ou por embarcações alugadas, sem que eles delas participassem diretamente. Em geral, o comerciante fazia o aviamento de vinte canoas e conseguia licença para a presa de índios. O aviamento consistia em armas, gêneros alimentícios, implementos de trabalho, panos e bugigangas a serem dados aos índios em troca de seu apresamento. Finda a expedição, o comerciante recebia a devolução do custo desse aviamento e o produto da coleta de "drogas".

João Lúcio de Azevedo menciona dezesseis remeiros em cada canoa que podia trazer de volta quarenta a cinquenta índios, ou seja, um total de mil, aproximadamente. A princípio, as expedições tinham o caráter de desbravamento, de resgate e de coleta de drogas da mata. As expedições de resgate eram destinadas a "salvar" os índios aprisionados por tribos inimigas e capturar escravos em "guerra justa". Mais tarde, por dispositivo legal (ordem régia de 17/10/1653), as expedições de coleta perdem oficialmente a atribuição de resgate, o que é constantemente transgredido.

Referindo-se ao tratamento dado ao índio escravo pelo colono, diz Perdigão Malheiros:

> **"Em breves dias de serviço ou morriam à fome e a excessivo trabalho, ou fugiam pela terra dentro, onde a poucas jornadas pereciam, havendo por esta causa perecido e acabado inumerável gentio do Maranhão e Pará, e em outras partes do Estado do Brasil".**

Para coibir os horrores da administração de aldeias de índios pelos colonos, são admitidos os jesuítas no Maranhão e Grão-Pará. Proibida a preação por parte dos moradores, dela passam a encarregar-se os jesuítas. A diferença entre "descimento", feito pelos jesuítas, e "resgate", feito pelos moradores, era que o primeiro se procedia sempre com a presença de um missionário, cuja função era verificar se se tratava realmente de "resgate", isto é, de índios salvos de serem mortos e comidos por seus inimigos. Trata-se de um eufemismo, uma vez que, no Amazonas, poucas eram as

Tupinambá do Maranhão (1613),
vestidos à moda europeia, mas
com coifas de plumas e maracá.
Gravura de Yves D'Evreux.

tribos antropófagas. Na verdade, o descimento era outra forma de escravidão, mesmo porque, reunidos nos aldeamentos missionários, os índios eram em seguida repartidos: um terço para o sustento da Missão, um terço para os colonos e o terço restante para o autossustento e o das aldeias.

Forro ou cativo, o índio arcava com todos os trabalhos pesados. Quando recrutado para servir às expedições de coleta e de descimento, ou para a colheita de safras, era mantido o tempo necessário (de oito meses geralmente nas expedições) e depois devolvido aos aldeamentos missionários.

O regimento das Missões e a "Lei de Vieira" previam que as mulheres não poderiam ser repartidas, isto é, postas a serviço dos moradores, a não ser em casos excepcionais: como farinheiras (na colheita e no processamento da mandioca) e amas de leite. Essa ressalva mostra os abusos cometidos contra a mulher indígena.

O aldeamento, com a reunião de membros de várias tribos e sua coerção para o trabalho, significou sua completa transfiguração. Para entenderem-se mutuamente, tiveram de aprender a língua do dominador, o nheengatu ou Tupi da Amazônia, deturpado e simplificado pelo missionário e pelo morador. A aquisição de novos hábitos alimentares (açúcar, sal, aguardente), de uso da roupa, das ferramentas, aprisionavam o índio a modos de vida que lhe eram estranhos. A desestruturação da vida tribal permitiu a incorporação de novos territórios ao império colonial.

Além das atividades extrativistas, implantaram-se no Maranhão e Grão-Pará engenhos de açúcar que passaram a abastecer o mercado local e a produzir um excedente para a exportação. Nessa empresa é também empregado o braço índio, ao lado do negro, tanto nos engenhos dos colonos como das Missões. Nas aldeias reais, os índios eram empregados nas salinas e nos serviços públicos. Nas fazendas, além da produção de açúcar, cuidavam do gado, das plantações de fruteiras, do cacau, e incumbiam-se dos trabalhos de carpintaria, olaria, tecelagem, de ferreiro e serralheiro. Ou seja, de tudo que fosse necessário para o bem-estar dos jesuítas e dos moradores. Mais tarde, a Coroa proíbe o trabalho dos índios nos engenhos e canaviais, bem como nas plantações de tabaco para forçar a introdução do negro.

O negro escravo foi introduzido no início do século XVII no Norte do Brasil, mas em pequena escala, apenas para trabalhar em atividades urbanas e na produção de açúcar e aguardente. A Metrópole não desejava, inclusive, que o açúcar do Norte competisse com o de Pernambuco. Eventualmente, o negro era empregado também como remeiro, nas expedições de coleta e resgate, sendo devolvido à sua base assim que as canoas iam se abastecendo, nas aldeias, do braço indígena. Era grande também a produção de algodão, tanto que a moeda corrente, no Maranhão, em meados do século XVII, eram novelos dessa fibra. Duas varas de pano por mês era o salário de um índio em 1662. Os indígenas eram também empregados nas plantações de tabaco no Norte do Brasil, em meados do século XVII, que também passou a ser mercadoria-moeda. Vieira considerou "o mais cruel trabalho de quantos há no Brasil".

As queixas dos colonos contra os jesuítas são sumariadas no requerimento de um deles, Paulo da Silva Nunes, dirigido ao rei de Portugal, citado por Varnhagen:

"– Que eles não guardavam a lei acerca de repartição dos mesmos índios;
– Que ambiciosamente os empregavam para os seus interesses;
– Que não davam direitos das muitas drogas que exportavam;
– Que tomavam vingança dos que se atreviam a falar sobre isso;
– Que os governadores não podiam castigá-los;
– Que, finalmente, preferiam catequizar na língua geral, aprendendo-a eles, para melhor monopolizarem os mesmos índios (...)."

A rarefação da mão de obra indígena pela exaustão do que parecia ser um reservatório humano inesgotável torna o trabalho da Missão desnecessário. Além disso, a economia da região se desloca para uma atividade mais lucrativa, a das engenhocas de aguardente. A descoberta de ouro em Mato Grosso obriga a Metrópole a fechar o caminho para aquela província, temerosa de que o estado do Maranhão se despovoe. Em 1755, cria-se a Companhia Geral de Comércio do Maranhão e Grão-Pará que passa a ter o monopólio de navegação e comércio negreiro, diminuindo o custo do escravo africano. No mesmo ano, 63 aldeias dirigidas por missionários são elevadas a vilas. A introdução do negro permite a "liberação" do índio e torna dispensável o trabalho dos jesuítas considerados "inimigos da Coroa" por Pombal.

A 28/5/1757 é nominalmente extinto o cativeiro dos índios. Dois anos mais tarde, os jesuítas são expulsos do Brasil. Cria-se o regime do Diretório.

A legislação indígena, Estado do Maranhão

A ocupação do território setentrional (como de resto de todo o Brasil), da forma como se processou, pressupunha que ele estava vazio de ocupação humana, inexplorado e desbaratado. Que o modo de vida autóctone, embora tanto tenha ensinado o português a sobreviver nos trópicos, era inútil e indesejável. No entanto, o capital mais precioso, a única maneira de tornar exequível a empresa mercantil e escravocrata, era a mão de obra indígena. Todas as penetrações dependeram do conhecimento do índio dos segredos da mata, de sua habilidade como agricultor, caçador, pescador, canoeiro, guerreiro, artesão e da exploração de contradições internas, que infelizmente contrapunham os silvícolas uns aos outros, em benefício da expansão europeia. Dependeu também do ventre da índia que procriou uma vasta geração mestiça, colocada a serviço da dominação colonial e dos interesses da Metrópole.

A controvérsia corrente na historiografia brasileira de que a Companhia de Jesus era um instrumento de poder a serviço e a soldo da Coroa contraposto a interesses "nacionais" dos moradores, ou de que visava apenas a objetivos próprios e só por isso defendia o índio, não se coloca nesses termos. Os jesuítas e a Igreja, de modo geral, não se opõem à escravização do índio. Menos ainda à do negro. Apenas desejam abrandá-la para que surta efeito. Com a intensificação do escravismo, acentuam-se as contradições entre os objetivos imediatistas dos colonos e da Coroa e a visão estratégica da Companhia de Jesus e de outras ordens religiosas.

O projeto colonial era oriundo e impulsionado pela Metrópole. Seus agentes eram tanto o missionário como o colono e o funcionário representante direto do poder político e militar da Coroa. Para a implementação do projeto, cada um desses agentes teve de manobrar, ora aliando-se, ora combatendo-se mutuamente. Às contradições internas das forças colonialistas corresponderam fissões entre os grupos indígenas e sua própria estrutura social fragmentada que, por esse motivo, não puderam opor uma resistência tenaz à dominação europeia.

Quase sempre o Estado português atua como elemento de equilíbrio para dirimir os conflitos entre seus três agentes colonialistas: o administrador legal, o missionário e o colono. Segundo as pressões, a Coroa pende para um ou outro lado. O equilíbrio era precário, sendo revisto cada vez que a correlação de forças entre os contendores e a resistência do dominado o exigiam.

Isso se reflete na legislação sobre o uso da mão de obra indígena, que examinaremos rapidamente a seguir, aplicada ao Estado do Maranhão. Seus dispositivos protecionistas se devem, sem dúvida, aos esforços jesuíticos. Daí as animosidades que geraram, as quais culminaram com a expulsão dos jesuítas, em 1759. Para essa análise, utilizamo-nos de Perdigão Malheiros: *A escravidão no Brasil*, vol. II.

A lei de 30 de julho de 1609 – que seria aplicada no Novo Estado – explicita que os índios são homens livres, não só os convertidos à fé cristã como os gentios, isto é, aqueles ainda entregues às suas crenças e valores. Que não seriam compelidos a trabalhos forçados ou deslocados de seu hábitat contra e sua vontade. Quando engajados nos serviços dos colonos, receberiam salários. Que teriam direito às suas terras e propriedades, podendo comerciar livremente com os moradores, conforme lhes aprouvesse. Que os escravos índios fossem imediatamente libertos. Na segunda parte, a lei dispõe que confia aos jesuítas,

> "pelos muitos conhecimentos e exercício que desta matéria têm, e pelo crédito e confiança que os gentios deles fazem...".

a proteção dos índios, a missão de buscá-los e reparti-los ao serviço público ou particular. O virtual monopólio da mão de obra indígena pelos jesuítas, que já dispunham de sobejos braços em suas fazendas e engenhos, durou pouco. A 10/9/1611 a Coroa legisla:

> "A liberdade dos índios é reconhecida em tese, sob pena de infratores. Todavia, era reputado legítimo o cativeiro não só dos aprisionados em guerra justa, mas também dos resgatados quando cativos de outros índios que, a não ser o resgate, os devorariam. Nenhuma guerra se poderia fazer ao gentio senão quando este movesse guerra, levantamento, ou rebelião...".

Era a vitória da posição dos moradores, muito embora, na legislação anterior, a volta à vida tribal também fosse cerceada. A legislação de 1611 estava em vigência ao instalarem-se os jesuítas no Maranhão e Grão-Pará. A administração das aldeias e a iniciativa das expedições de coleta e resgate, como vimos, estavam entregues aos colonos. A tentativa de aplicação da bula do papa Urbano VIII (de 22/4/1639), que reafirma a do papa Paulo III (28/5/1537) – excomunhão aos que incorrem no cativeiro e venda de índios em praça pública –, provoca um levante dos colonos em São Paulo e a expulsão dos jesuítas da capitania em 1640. Sua reintegração se dá em 1643, por Carta Régia.

As atrocidades cometidas pelos colonos no Norte obrigam a Coroa a expedir o Alvará de 10/11/1647 em que se lê:

> "Que, sendo livres os índios, como fora declarado pelos Reis de Portugal e os Sumos Pontífices, não houvessem mais administradores nem administrações, havendo por nulas e de nenhum efeito todas as que estivessem dadas, de modo a não haver memória delas; e que os índios pudessem livremente servir e trabalhar com quem bem lhes parecesse, e melhor pagasse o seu trabalho."

Mais uma vez, a liberdade dos índios é condicional. Podiam "servir e trabalhar" com quem lhes aprouvesse, mas não voltar à vida tribal. Em 1653, chega ao Maranhão o padre Antônio Vieira, com instruções da Corte para entregar aos jesuítas a questão indígena. A grita dos colonos é geral e unânime, com as mais exacerbadas acusações aos inacianos de usarem, em proveito próprio e exclusivo, o trabalho indígena.

A Provisão de 17 de outubro do mesmo ano reinstala a escravidão nos casos de "guerra justa" e de "resgate". Vai mais além. Introduz dispositivos que impedem qualquer índio de escapar do cativeiro.

A "guerra justa" – diz a Provisão – será movida sempre

> "que o dito gentio, livre ou vassalo, impedir a pregação do Evangelho e deixar de defender as vidas e fazendas dos vassalos de El-Rei em qualquer parte; haver-se lançado com os inimigos da Coroa, e dado ajuda contra os vassalos. Também será legítimo o cativeiro se exercerem latrocínios no mar e em terra, infestando os caminhos; salteando ou impedindo o comércio e trato dos homens para suas fazendas e lavouras. Se os índios, súditos de El-Rei faltarem às obrigações que lhes foram postas e aceitas nos princípios de suas conquistas, negando os tributos e não obedecendo quando forem chamados para trabalharem em o Real serviço, ou para pelejarem com os inimigos do Estado (...)".

Para o cumprimento da Provisão, a Coroa autoriza as entradas no sertão por "Capitães-mores, Oficiais da Câmara, Prelados das Religiões e Vigário-geral (onde houvesse)", acompanhados de missionários para a conversão.

Em Lisboa, o padre Vieira consegue a revogação, em parte, da Provisão. Na legislação de 1655, conservam-se os "quatro antigos casos de escravidão", revogados os demais e se entregam as entradas no sertão, a administração das aldeias, a repartição dos escravos apreendidos, ao arbítrio dos jesuítas. Essa legislação põe fim às expedições particulares de caça ao índio e coloca, nas mãos da missão jesuítica, o julgamento sobre as circunstâncias em que o índio pode ser escravizado.

Esse poder é questionado não só pelos moradores, como também pelas demais ordens religiosas, a ponto de provocar uma sublevação no Pará, de que resultou a prisão e expulsão para Lisboa de vários jesuítas, excetuando-se o padre Vieira, devido à forte influência que tinha na Corte. Dá-se outro retrocesso (lei de 12/9/1663) em que é retirado o poder temporal dos índios aos inacianos e o espiritual dividido entre a missão de Inácio de Loyola e as demais ordens. Seguem-se outras leis do mesmo teor, destinadas a apaziguar os moradores, malgrado o extermínio e o sofrimento atroz dos índios.

Nova legislação é promulgada a 1º/10/1680, restaurando, em parte, a anterior, favorável à Companhia e aos índios. Um aspecto irônico dessa lei é seu inciso terceiro. Vejamos:

> "Que aos índios se dessem terras livres de tributos, sem atenção a concessões já feitas das mesmas, porque, devendo ser sempre salvo o prejuízo de terceiro, estava implicitamente ressalvado o dos mesmos índios, primários e naturais senhores delas.".

A tanto chegava a espoliação. Foi preciso que um dispositivo legal assegurasse aos índios a posse da terra, embora "primários e naturais senhores dela". Seu direito de usufruí-la, do modo como sempre fizeram ao longo de milênios, não constava entretanto na mesma lei.

Nessa lei se dispõe a divisão dos índios em três partes:

> "Uma ficaria nas aldeias para tratar da lavoura, subsistência própria, e dos índios descidos de novo; a outra seria distribuída pelos moradores; e a terceira se agregaria aos Padres da Companhia para os acompanharem ao sertão.".

Outra vez era entregue aos inacianos a tarefa dos descimentos e a administração das aldeias. No entanto, a 2/9/1684, outra lei restabelece as "administrações particulares" dos índios.

Em 1686, os jesuítas retornam ao Estado do Maranhão e sua atuação é definida na Carta Régia e no Regimento das Missões datados desse ano. Trata-se de uma vitória dos inacianos e um prêmio à sua eficácia como o melhor agente colonizador. Voltam, porém, diminuídos, porque têm de dividir o poder espiritual e temporal sobre os índios com as outras ordens religiosas.

A penetração estrangeira – dos ingleses, de Georgetown, dos franceses, a partir de Caiena, dos holandeses, no Xingu, dos espanhóis, no Solimões – faz que recrudesça a questão do aprovisionamento de índios. Passam a ser necessários não só como trabalhadores, mas também como guerreiros. Renovam-se, em 1688, as expedições de resgate. O índio que não fosse aliado era imediatamente acusado de inimigo, de vender escravos a prepostos das potências rivais, e portanto passível de apresamento em guerra justa. As expedições particulares voltam a ser autorizadas e o aprisionamento, antes clandestino, passa a fazer-se abertamente. Os índios são arrastados aos engenhos e propriedades agrícolas dos colonos. O alvará de 28/4/1688 derroga, parcialmente, a lei de 1680, restabelecendo algumas cláusulas de 9/4/1655. Essas idas e vindas mostram a perplexidade da Metrópole, sua incapacidade de fazer cumprir as leis que ela própria exarava, de coibir a desordem e de implantar um modelo econômico que trouxesse verdadeiros benefícios à população, e não o inútil desgaste de milhares e milhares de preciosas vidas humanas.

O desprezo pelo índio, a incompreensão de suas motivações, seus valores e costumes podem ser avaliados pelo que dispõe a lei de 9/3/1718 que, mais uma vez, justifica os aprisionamentos e a escravidão:

> "Contudo, se estes índios são como os Tapuia bravos que andam nus, não reconhecem Rei nem Governador, não vivem em modo e forma de república, atropelam as leis da natureza, não fazem diferença de mãe e filha para a satisfação de sua lascívia, comem-se uns aos outros, sendo esta gula a causa injustíssima das suas guerras, e ainda fora delas os excita a flecharem os meninos e inocentes, neste caso será permitido fazê-los baixar à força e por medo para as aldeias, por ser isto conforme à opinião dos Doutores sobre a matéria.".

A cada ano, entre 1620 e 1720, eram organizadas expedições de caça ao índio, autorizadas oficialmente ou não. Calculando-se um total de mil a 2 mil índios descidos anualmente para a venda nos mercados de escravos de Belém e São Luís, há que admitir o elevado número de 100 a 200 mil índios consumidos durante um século.

A falta de escrúpulos com que a própria Coroa dispunha da vida dos índios é atestada em um exemplo certamente entre mil, citado por Perdigão Valheiros:

a Carta Régia de 30/5/1718 – que "autoriza o resgate de 200 índios para com o produto da *venda* dos mesmos, auxiliar-se a construção de uma nova igreja catedral no Maranhão". O padre Vieira reconhece, por isto, que a salvação das almas era o que menos se cogitava, e sim "... *do sangue vermelho dos mesmos tirar o ouro amarelo.*".

A legislação colonial constantemente abria e fechava a porta à escravização indígena. Em 1744, uma bula papal de Benedito XIV proíbe, sob pena de excomunhão, o cativeiro, fosse secular ou eclesiástico. Só em 1755, essa bula foi implementada, por decisão do homem forte de Portugal, na época, o marquês de Pombal. Desse modo, conseguiu um bom pretexto para minar o poder jesuítico na Colônia, que considerava ser "o Estado no Estado". A lei de 6/6/1755 aflora dispositivos de 1680 e de leis anteriores extinguindo o cativeiro dos índios.

Pela lei de 28/5/1757, as aldeias são elevadas a vilas e cria-se o regime do Diretório. Este vinha substituir a tutela missionária pela tutela do Estado representado por um funcionário secular. Seu fundamento era:

> **"Que, atenta a lastimosa rusticidade e ignorância com que até então haviam sido educados os índios, e enquanto não tivessem capacidade para se governarem, haveria um Diretor, nomeado pelo Governador (...)".**

O Diretório dos índios não altera o regime anterior. O diretor recebe um sexto do produto das expedições de que participam índios por ele tutelados. Com isso, incrementam-se, de novo, as atividades de coleta, em detrimento das agrícolas, porquanto umas e outras dependiam do braço indígena, cada vez mais escasso. Além do mais, a atividade mais lucrativa continuava sendo o comércio de drogas. Mas à medida que a região se despovoava de seu habitante nativo e, em consequência, decaía o trabalho extrativista, ganhava força a atividade canavieira.

Avoluma-se a carga contra a Companhia de Jesus. Pela lei de 3/9/1759, os jesuítas são expulsos do reino e de seus domínios e sequestrados os seus bens, em favor do Estado. Os inacianos haviam cumprido seu papel. A ocupação do território estava consolidada e a soberania da Coroa portuguesa não corria mais perigo. A legislação de 1755, lavrada em favor dos índios do Estado do Maranhão, é estendida a todo o Brasil.

Nominalmente, o índio estava alforriado ou hipocritamente emancipado para vender sua força de trabalho a um patrão ou a outro patrão igual. Mas na Amazônia, ao longo das grandes vias fluviais, já não havia índios a escravizar. Os que não tinham morrido, vitimados pelos maus-tratos, pelo trabalho avassalador e pelas moléstias, estavam destribalizados, amansados, desfigurados. Só puderam sobreviver precariamente as tribos que se refugiaram nos altos rios ou adentraram nos igarapés, mata adentro, ainda não devassada, ou ficaram protegidas por cachoeiras intransponíveis.

O bandeirismo na "caça ao índio"

Os Guarani ocupavam uma extensa área no Sul banhada pelos três grandes rios, Uruguai, Paraná e Paraguai, que convergem para o rio da Prata. Corresponde aos atuais territórios do Paraná, Santa Catarina, Rio Grande do Sul e Mato Grosso do Sul, no Brasil, às províncias de Corrientes e Entre Rios, na Argentina, a enormes porções do Paraguai, e aos campos chamados Vacaria, do Uruguai.

A terra dos Guarani começou a ser invadida a partir de 1516. A primeira redução jesuítica foi fundada em 1610 pelos padres italianos Simon Maceta e José Cataldino. Chamava-se Nossa Senhora do Loreto e foi concebida de maneira a ser a célula-mater da futura república cristã. Dois anos mais tarde, chega Antonio Ruiz de Montoya, autor de um catecismo, gramática e vocabulário guarani, que imprime grande impulso ao projeto jesuítico, defendendo-o até sua consolidação.

Os índios eram atraídos às reduções porque era a única maneira de escaparem à escravização pelos colonos espanhóis. Entretanto, situando as reduções guarani fora do alcance dos espanhóis, os padres desavisadamente as aproximavam de um flagelo maior: os mamelucos paulistas habitantes de São Paulo de Piratininga.

Eis como Lugon descreve o início do calvário dos Guarani, a destruição da redução de Santo Antônio, um dos estabelecimentos de Guairá:

> **"Caíram (em 1628) primeiro sobre a redução de Encarnación, que devastaram. Os trabalhadores dispersos pelos campos foram postos a ferros e levados; os recalcitrantes, massacrados. As crianças e os velhos, muito fracos para seguirem a coluna em marchas forçadas foram igualmente massacrados pelo caminho (...) No total, 15 mil Guarani tinham sido postos a ferros e arrebatados das reduções.".**

Os padres Maceta e Mansilla deslocaram-se até São Paulo e Rio de Janeiro para obstar a devastação. Logo verificaram que as autoridades eram cúmplices da carnificina. As expedições dos bandeirantes paulistas, feitas por iniciativa própria, nada custavam ao erário português. Os índios arrebanhados eram vendidos no mercado de escravos, tornando-se o grande "negócio" de uma casta de gente que buscava avidamente o enriquecimento. As autoridades espanholas também faziam vista grossa às incursões, impedindo taxativamente a importação de armas de fogo, que seria a única maneira de defender as reduções. É que o mundo colonial, tanto português como espanhol, não podia aceitar a existência de índios livres, reunidos em comunidades e armados de fuzis.

Localização da
"República dos Guarani",
segundo C. Lugon.

Em 1631, só duas reduções se mantinham intactas no Paraná. Os padres decidem então empreender a grande migração. Partindo de Guairá, que já podia "figurar ao lado das melhores cidades espanholas do Paraguai", armam setecentas canoas e se dirigem para além das cataratas de Iguaçu. Sabendo que os paulistas vinham em seu encalço, abandonam as embarcações e prosseguem, a pé, através dos saltos e gargantas do rio Paraná. A missão é reconstruída à beira do Jubaburu, pequeno afluente desse rio. Dos cem mil ou mais índios que viviam em Guairá, restavam cerca de 10 mil. Essa não foi a única migração. Em 1636, as reduções da serra do Tape eram atacadas. Em 1637, decidiu-se trazer os sobreviventes de doze reduções dessa região, mais ao sul, para o Uruguai. A escolha final dos jesuítas recaiu sobre o território situado no local onde os rios Uruguai e Paraná mais se aproximavam, na região de Entre Rios, que podia ser mais bem defendida.

Em 1639, o padre Montoya obtém em Madri a licença para importar e fabricar armas de fogo, com a ressalva de que os fuzis ficassem em arsenais e não na posse dos índios. Quatro mil Guarani fazem frente a uma incursão dos paulistas em Caarupá-Guaçu, derrotando-os. Em 1641, trava-se outra batalha em Mbororé, no rio Uruguai. Oitocentos paulistas e 6 mil índios Tupi são batidos por 4 mil guerreiros Guarani armados de flechas, lanças, fundas, bordunas e trezentos armados de fuzis, chefiados pelo cacique Abiaru. Outras refregas menores se travaram. A última batalha, em 1651, contra um grande exército de mamelucos, que pretendia arrasar o Paraguai, foi igualmente ganha. A metade das reduções havia sido destruída. De 48, espalhadas pelas províncias do Paraná, Guairá, Uruguai e Itatin (sul de Mato Grosso), só restavam 22. Os livros de batismo registravam 150 mil índios. Restavam 40 mil.

A partir daí, e ao longo de cem anos, a República "comunista cristã" dos Guarani pôde prosperar e multiplicar-se. Os paulistas haviam aniquilado ou escravizado 300 mil Guarani. Alguns historiadores acham esse número modesto. Muratori assevera que,

> "no espaço de 130 anos, eles (os mamelucos) fizeram escravos mais de dois milhões de índios, dos quais 50 mil tinham abraçado a religião cristã. De tantos homens que eles arrebataram, dificilmente 1 em cada 100 lhes terá sido de qualquer utilidade. A maior parte pereceu de miséria antes de chegar a S. Paulo. Os que até aí foram conduzidos sãos e salvos, cedo pereceram pelo mau ar que se respira nas minas e pelo trabalho excessivo das plantações de açúcar. Viu-se um registro autêntico pelo qual se provava que, de 200 mil índios tomados e transportados pelos mamelucos, em cinco anos, restavam apenas 20 mil".

A "República dos Guarani" subsistiu até 1768, ano da expulsão dos jesuítas espanhóis. No Brasil, na margem esquerda do Uruguai, no atual estado do Rio Grande do Sul, havia sete reduções: São João, São Nicolau, São Luís, São Lourenço, São Miguel, São Borja e Santo Ângelo, esta última fundada em 1707. São os "Sete Povos das Missões", cujas ruínas, tombadas pelo Patrimônio Histórico, são hoje objeto de visitação turística.

O Tratado de Madri, de 1750, entre Portugal e Espanha, arbitra a entrega dos Sete Povos das Missões aos portugueses. O povo Guarani deveria ser evacuado, perdendo a República metade de seu território. Os jesuítas conseguem, durante três anos, o adiamento da deportação. Nesse ínterim, os Guarani se fortificam e, sob o comando do índio Sepé Tarayu, derrotam as investidas simultâneas de regimentos dos exércitos espanhol e português, em 1753 e 1754. Um ataque dos dois exércitos coloniais, em 1756, dizima mais de 10 mil Guarani que lutam até o último homem. Só 127 são aprisionados. Mais tarde, os Guarani voltam às sete reduções, já então entregues a Portugal. Em 1759, o marquês de Pombal expulsa os jesuítas de todos os domínios portugueses. A guerra guarani lhe dera o argumento final.

Não cabe aqui uma análise das potencialidades e dos percalços do projeto jesuítico. A título de comparação, bastaria dizer que Buenos Aires, em 1725, tinha 5 mil habitantes, enquanto à mesma época, 1729, a redução menos povoada, a de São Miguel, contava 4.710 almas. Nesse ano, toda a República Guarani, segundo dados jesuíticos, tinha 131.668 habitantes.

A busca do ouro

"A situação geográfica de Piratininga impelia-a para o sertão", escreve Capistrano de Abreu. Derrotados nas reduções jesuíticas do Sul, os bandeirantes encontram um novo veio, este realmente aurífero, com a descoberta das minas de ouro. Continuavam as campanhas de "caça ao índio", mas estas não proporcionavam uma opulência como a das províncias do Nordeste. Amador Bueno, bandeirante e "homem bom", tinha centenas de índios escravos empregados em plantações de trigo, milho, feijão e algodão, bem como na criação de gado vacum e cavalar, ovelhas, porcos, mas sua casa em São Paulo era pequena. Os escravos índios eram também usados nessas "guerras privadas" e muitos preferiam esse horrendo "ofício" a penar nas plantações. Algumas fazendas dos bandeirantes se transformaram em cidades: Parnaíba, Sorocaba e Itu tiveram essa origem.

Em 1674, o bandeirante Fernão Dias Paes Leme sai em busca de legendárias jazidas de esmeralda. Com mamelucos e índios escravos ou catequizados, além do genro Manuel Borba Gato e de um veterano dos assaltos às reduções do Sul,

Matias Cardoso de Almeida, sobe o rio São Francisco, o Pardo e o Jequitinhonha. Encontra algumas pedras verdes no território dos Mataxó (ou Pataxó), morrendo antes de chegar de volta a Piratininga. Paes Leme, no longo período que permaneceu no sertão, passou por uma aldeia de índios "bravos", chamada Casa da Casca ou Caeté, nome do riacho onde em 1694 Bartolomeu Bueno da Siqueira encontra as primeiras pepitas de ouro. Em 1701, os paulistas descobrem as jazidas de ouro do vale do rio das Velhas em Minas Gerais. Nos anos seguintes, ocorre uma verdadeira invasão de toda sorte de aventureiros às regiões auríferas, dando lugar às lutas entre paulistas e emboabas (os portugueses recém-vindos) entre 1708-1710. O governador de São Paulo admite, em 1718, que todos os habitantes índios da região haviam sido exterminados pelos paulistas, sem que a história ao menos registrasse seus nomes. Finalmente os escravos índios são substituídos pelo negro e os bandeirantes paulistas adentram o sertão, em busca de mais ouro.

O filho do conhecido predador de índios, Bartolomeu Bueno da Silva, o Anhanguera, inicia uma expedição em direção ao noroeste. Partindo de São Paulo, em 1722, passa por Minas Gerais, toma o rumo de Goiás, passa pelo território dos índios Goiá e Araé, já extintos, alcançando Cuiabá, depois de três anos de perambulação. Retorna a São Paulo e em 1726 arma nova bandeira, encontrando, dessa vez, ouro nos campos de Sant'Ana, onde funda a cidade de Vila Nova, mais tarde, Goiás. Os índios Carijó, de língua Guarani, que o novo Anhanguera levou consigo para explorar as minas, conseguiram libertar-se. Acredita-se que sejam os ancestrais dos Ava-Canoeiros do rio Tocantins. Outros membros da "nobiliarquia paulistana", Pascoal Moreira Cabral e Antônio Pires de Campo, encontram ouro nos ribeirões Cuiabá e Coxipó. Essas minas eram ainda de mais difícil acesso, só sendo alcançadas pelas monções – nome que tomaram as embarcações dos bandeirantes – subindo o Tietê, o Inhanduí, o Aquidauana, o Paraguai e o Cuiabá.

Ambas as margens do rio Paraguai e do Chaco eram o domínio de grupos indígenas de língua Guaikuru (Abipón, Mocovi, Toba, Pilagá, Mbayá). Os sobreviventes destes últimos, vivendo atualmente no sul de Mato Grosso, são os Kadiwéu. Todos eles mantinham contatos, geralmente hostis, com portugueses e espanhóis, desde o século XVI. O cavalo e o boi, introduzidos no Grão-Chaco, multiplicaram-se prodigiosamente. Os Mbayá-Guaikuru, em vez de utilizar o cavalo como uma nova caça, aprenderam a domá-lo, a cavalgá-lo em pelo, com uma destreza que causou espanto. Empregaram-no em suas investidas guerreiras, mantendo em sobressalto uma imensa área, que ia das proximidades de Assunção, no Paraguai, a Cuiabá, em Mato Grosso. Aliados aos canoeiros Paiaguá, investiam contra as Missões jesuíticas do Paraguai para tomar cativos – praticamente substituíram a procriação pela adoção –, fazendo grandes estragos às monções paulistas.

Índios Guaikuru com seus cavalos, tal como os concebeu Jean Baptiste Debret, 1839.

A ira dos faiscadores de ouro se dirigia principalmente contra os Paiaguá que, destroçando as flotilhas, levavam o ouro arrebanhado para vender "a preço vil", em Assunção. Organizaram-se expedições punitivas em Cuiabá e em 1734 o rei de Portugal ordenou a "guerra justa" contra os Paiaguá e os Mbayá-Guaikuru. Num ataque de surpresa, os Paiaguá foram literalmente massacrados. Seiscentos índios foram mortos e os 240 sobreviventes, capturados para trabalhar nas minas.

Os bandeirantes entraram em contato com outra tribo, os Paresi, de língua Aruak. Eram pacíficos horticultores, laboriosos como os Guaná, de quem obtinham cativos os aguerridos cavaleiros Mbaya-Guaikuru, cujos sobreviventes atuais se chamam Terena, vivendo no sul de Mato Grosso. Antônio Pires de Campo foi o primeiro a conhecer os Paresi, em 1718, e deles deixou um relato laudatório. Suas numerosas aldeias e campos cultivados impressionaram-no vivamente, advindo dessa época a designação com a qual ficou conhecida a região: reino dos Paresi. Elogiou a beleza das mulheres, sua habilidade como oleiras e tecelãs, a finura dos adornos esculpidos em quartzo e a perfeição da talha dos machados de pedra.

Acreditava o bandeirante que seriam facilmente convertidos à fé cristã. Os faiscadores, que afluíam cada vez em maior número para explorar as minas de ouro de Mato Grosso, necessitam de escravos. Os Paresi eram incontáveis, dizia Pires de Campo, e estavam ao alcance da mão.

O pretexto dos mineradores era a pesquisa de novas lavras, que foram realmente encontradas no alto Guaporé, quando as minas de Cuiabá estavam próximas da exaustão. A pilhagem de víveres, sempre escassos em regiões mineradoras, também atiravam ondas de paulistas sobre as aldeias Paresi. Isso ocorreu em 1732, quando grassou a fome em Cuiabá. O ouro do Guaporé (Vila Bela) também foi rapidamente exaurido e a caça ao gentio, o "negócio dos pobres", passou a ocupar os mineradores. As aldeias Paresi foram devastadas e ultrajadas e, em 1797, o engenheiro português Ricardo Franco de Almeida Serra, que comandava o Forte Coimbra, registrou que os Paresi

> **"estavam praticamente extintos pelas incursões, escravização e emigração causadas pelos portugueses. As virtudes e a condução pacífica dessa tribo é que causaram sua ruína".**

Nos campos e nas florestas de galeria do rio São Lourenço viviam os Bororo, grupo "Tapuia", de língua Macrojê, também contatado por Antônio Pires do Campo, em 1734, que deixou as primeiras informações a seu respeito. Uma parte da tribo opôs resistência à invasão dos mineradores a seu território; a outra aliou-se aos paulistas para sustar a penetração dos jesuítas espanhóis. A esse bandeirante deve-se também a primeira notícia a respeito dos Kayapó, grupo Jê, que vivia ao norte da região das minas recém-descobertas de Goiás e ao sul de Cuiabá, ocupando extensas campinas.

Os Kayapó, extremamente aguerridos, bloqueavam a estrada de acesso às minas de Goiás e sua tática de ataque e fuga impedia que fossem pegos. Antônio Pires do Campo, com seus aliados Bororo, tradicionais inimigos dos Kayapó, atacou suas principais aldeias na região de Camapuã, em 1742, causando enorme morticínio. Foi recompensado pelos mineradores com quilos de ouro. Nos dois anos seguintes, encabeçou expedições punitivas ajudado por seu exército Bororo. Os Kayapó reagiram e foram perseguidos por outros bandeirantes-mineradores, movendo-se-lhes a "guerra justa" por ordem do governador. Este recebeu 20% das crianças índias capturadas. Em 1751, num ataque Kayapó, Pires do Campo foi gravemente ferido, vindo a falecer meses mais tarde. Já então a corrida do ouro em Minas Gerais, Goiás e Mato Grosso chegava a seu fim. Ela custara o extermínio de milhares de índios e teve como saldo a apropriação para a Coroa portuguesa de um extenso território desabitado.

A frente pastoril

O ciclo das bandeiras paulistas é dividido pelos historiadores em três fases: 1) a caça ao índio, nos arredores de São Paulo e no extremo Sul, contra as reduções jesuíticas; 2) o ciclo do ouro do século XVIII em direção ao oeste, que acabamos de examinar; e 3) as expedições punitivas contra as tribos que impediam a expansão das fazendas do gado no Nordeste. Vejamos como se processou esse terceiro ciclo, conhecido na historiografia como "guerra dos bárbaros", que possibilitou a ocupação do sertão nordestino.

As primeiras fazendas de gado se instalaram na Bahia no século XVI, acarretando grandes fortunas para seus proprietários, dos quais o mais notável foi Garcia d'Ávila, da "Casa da Torre". A criação exigia exígua força de trabalho indígena, mas a sucessão ecológica aqui significou limpar os campos de índios para entregá-los ao gado. Gueren, subgrupo Aimoré, "Tapuia", foi o primeiro afetado, em 1651, na região de Ilhéus. O mesmo ocorreu com os Paiaia, que se recusaram a abandonar suas terras. Em 1671, as autoridades baianas pediram a ajuda dos bandeirantes para limpar os campos e dar uma lição aos índios. Com seus exércitos particulares de mamelucos e índios, Estêvão Ribeiro Baião Parente e outros começaram a devassar o sertão. Voltaram com poucos prisioneiros, porque a maioria dos índios foi morta ou dizimada por epidemias. Com essas presas pagavam os gastos das expedições e ainda embarcavam os restantes para São Vicente. Na Bahia, os escravos "Tapuia" alcançavam baixo preço: vinte cruzados. Seguiram-se outras "expedições punitivas" e, em 1673, Parente funda a cidade de Santo Antônio da Conquista, a 260 km da Bahia. Os Paiaia, catequizados pelos jesuítas, eram requisitados para subjugar outros grupos. Aos poucos, os bandeirantes adentravam pelo sertão, subindo o rio São Francisco, à cata de escravos índios. Atrás deles vinham os rancheiros, abrindo fazendas, no interior de Sergipe, Pernambuco e Rio Grande do Norte, junto aos rios pernamentes e aos depósitos de sal natural.

Assim foram alcançados os aldeamentos missionários de vários grupos "Tapuia": Pankararu, Kaimbé, Masakará; dos grupos de língua Tupi, Tupiná e Amoipira; e nas cabeceiras do rio Itapicuru, dos Ori, só pacificados no início do século XVII. Na primeira década desse século, um jesuíta estimou em 500 mil o número de cabeças de gado no interior da Bahia e 800 mil, no de Pernambuco.

Em 1711, os rancheiros alcançam os sertões do Piauí, encabeçados por Domingos Afonso, ou "Mafrense". Antes dele, em 1697 chegara à região o mameluco paulista Domingos Jorge Velho, com suas sete concubinas "... em nada diferente ao mais bárbaro Tapuia...", na expressão do bispo de Pernambuco. Vinha à frente de um exército particular de Tobajara e outros índios Tupi que dois anos antes haviam-lhe ajudado a destruir o quilombo de Palmares. Na última década do século XVII, um padre relatou que em todo o Piauí havia 441 pessoas, entre índios, brancos, mamelucos, mulatos e outros mestiços. A "civilização do couro", que ocupava uma área de centenas de léguas ao longo do rio São Francisco, com latifúndios imensos, era um deserto de homens. Havia pouquíssimas mulheres brancas, fazendo que os vaqueiros se servissem das índias. Apesar da quantidade absurda de gado, os índios pagavam, com a vida e a liberdade, a carneação de uma rês.

Para tão espantoso despovoamento contribuíram outros paulistas, além de Domingos Jorge Velho, considerados os únicos capazes de enfrentar as condições difíceis da guerra contra os "Tapuia" e as durezas da vida no sertão. Estando o tesouro público exaurido, eram compensados com o aprisionamento de escravos que, além das grandes extensões de terra e dos imensos rebanhos de gado, conferiam-lhes prestígio e poder. Um subgrupo Tarairiu, Janduí, que fora aliado dos holandeses, enfrentou os paulistas e índios Tupi da serra de Ibiapaba, bem como índios catequizados no interior do Ceará e do Rio Grande do Norte. Embora derrotados, lograram um "tratado de paz", o primeiro na história do Brasil, assinado pelo rei de Portugal e pelo chefe Canindé dos Janduí. O segundo foi com os índios Mbayá-Guaikuru, em fins do século XVIII.

Por esse tratado, firmado em 1692, os Janduí, então avaliados em 12 a 13 mil índios, prometiam 5 mil guerreiros para lutar ao lado dos portugueses contra invasores estrangeiros ou tribos hostis; recebiam a garantia de uma área de 10 léguas quadradas em torno de suas aldeias; seriam considerados livres, mas teriam de fornecer uma cota de trabalhadores para as fazendas de gado. Aos Janduí, vieram juntar-se, por pressão dos portugueses, subgrupos Kariri, como os Icó e Paiacu, estes últimos injustamente massacrados pelo preador de índios Manuel Álvares de Morais Navarro.

Índios Tapoeier.
Óleo de Albert Eckhout, 1654.
No canto à direita, um cajueiro.
Embaixo, um tatu.

Suas mulheres e filhos, encontrados perambulando pelas estradas de Pernambuco, foram vendidos como escravos.

Exterminadas ou escravizadas as tribos do Nordeste, os rancheiros se moveram rumo ao Maranhão. Os Tremembé, também grupo Kariri que vivia no litoral, entre o Ceará e o Maranhão, foram atacados em 1679 pelo filho de Bento Maciel Parente, o exterminador dos Tupinambá do Maranhão, que desejava estar à altura das façanhas militares de seu pai. A "vitória" foi de tal monta, que não restou índio nenhum, nem mesmo mulheres e crianças, para ser escravizado. Os colonos maranhenses, dos rios Icatu, Mearim e Itapicuru, não podendo importar escravos negros, necessitavam do braço indígena para a exploração de canelas, salsaparrilha e para tocar seus engenhos de açúcar. Em 1700, a Coroa portuguesa autoriza a captura. Abusos incríveis têm lugar, como atrair os índios a um churrasco, cercá-los e exterminá-los; decepar cabeças de índios, por homens montados, por puro divertimento, como fizeram Antônio da Cunha Souto-Maior, seu irmão Pedro e um juiz do Maranhão, Luís Pinheiro.

A fúria e o terror desencadeados pelos portugueses provocaram a última grande revolta dos índios "Tapuia" do Nordeste, em 1712, comandados por Mandu Ladino, que se espraiou pelo Piauí, Ceará e Maranhão. Centenas de rancharias foram destruídas e abandonadas. A rebelião durou sete anos e só terminou com a morte de seu chefe e de chefes aliados. Mandu foi derrotado pelos Tobajara da serra de Ibiapina

Mãe e filho. Índia Tupi do Nordeste. Albert Eckhout, 1654, pintor holandês.

comandados por Jacob de Souza e Castro, catequizado pelos jesuítas. A odiosidade contra os remanescentes "Tapuia" era tal que qualquer deslize era castigado com a tortura e a morte. Um chefe indígena foi morto porque se sentou na rede de um vaqueiro. Oficiais adquiriam documentos mediante a doação de gado para escravizar os "Tapuia". Os índios eram tratados pior que os animais. Algumas tribos em desespero e desalento iam buscar guarida junto aos grandes fazendeiros.

No Maranhão, foram sucessivamente batidas as tribos dos "Barbados", Guanaré, Aruá, Coriju e finalmente os Timbira. Os "Barbados" (provavelmente assim chamados por pintarem o queixo com jenipapo) tiveram sua aldeia de 291 pessoas arrasada pelo governador do Maranhão, Cristóvão da Costa Freire, em 1716. Os Guanaré, descidos pelos jesuítas, foram dizimados por epidemias de varíola. Em 1728, a *razzia* atingia as populosas aldeias dos Timbira, no interior do estado, considerados "incivilizáveis", sendo por isso objeto de uma guerra de extermínio nas primeiras décadas do século XIX. Já então, tribos silvícolas, de extração Tupi, eram atingidas: os Guajajara, Tembé, Turiwara, Amanayé.

A frente pastoril avançou do Maranhão para Goiás e daí para o Pará, numa política anacrônica de despovoamento e descolonização: sempre limpando o terreno de seu habitante indígena para entregá-lo ao gado. Os missionários também enriqueciam com a expansão da pecuária. Os franciscanos eram acusados de utilizar índios aldeados para tocar manadas para Minas Gerais. As mesmas queixas recaíam sobre as missões dos padres capuchinhos. Os próprios índios reclamavam do trabalho exaustivo e dos maus-tratos infligidos pelos frades. As tribos pacificadas (Araquen, Ori, Tamaquin) eram removidas de seus territórios e reunidas em aldeamentos para o cuidado e o transporte de gado ou para servir nas campanhas contra grupos hostis. Outras, como os Paiaia, Sacuriu, Jacuípe, Ocren (ou Kren), levadas a trabalhos forçados nas minas de salitre do rio São Francisco. Os Acroá, também grupo do tronco linguístico Jê, que habitavam no século XVIII o oeste do São Francisco e foram atraídos para o Piauí, logo se extinguiram.

Poucos desses grupos "Tapuia" sobreviveram, junto a cidades que ocuparam suas terras: os Fulni-ô, de Águas Belas, os Pankararu, do Brejo dos Padres, os Xukuru, de Cimbres, todos em Pernambuco; os Xokó, em Porto Real do Colégio, Alagoas, os Tuxá, em Rodelas, na Bahia, os Wakoná, na cidade de Palmeira dos Índios, também em Alagoas; os Pataxó e Kariri, no Posto Paraguaçu, da Fundação Nacional do Índio, os Kamakã e os Masacarã, no Posto Caramuru, ambos em Itabuna, Bahia, e poucos outros. Todos perderam a língua e mesmo a memória das lutas passadas. Miscigenados, continuam lutando para conservar as terras que lhes restam e o pouco de autonomia que não puderam arrebatar-lhes.

Penetração civilizadora dos séculos XIX e XX

A frente extrativista

Eduardo Galvão discerne três épocas na história das relações entre índios e brancos na Amazônia. A primeira, da conquista territorial e subjugação do índio, que vai de 1600 a 1759, ano da expulsão dos jesuítas, foi esquematicamente analisada em dois capítulos anteriores. O período seguinte, de 1759 a 1840, é marcado pela substituição das Missões pelo regime de Diretorias de Índios, criado pelo marquês de Pombal no governo temporal das aldeias. Essa mudança, não obstante a legislação protecionista então vigente, não melhora a situação dos índios. Pelo contrário, esta se deteriora com a intensificação do recrutamento, "à força d'armas", da mão de obra indígena, não só na coleta de produtos naturais, como no período anterior, mas em outros empreendimentos mercantis promovidos pelo Estado. No rio Negro, o projeto atinge seu ponto mais alto no governo de Lobo d'Almada, em que se implantam cultivos agrícolas para exportação a Belém e à Metrópole (café, cacau, cana-de-açúcar, algodão, anil), ao lado dos tradicionais (mandioca, milho, favas); a introdução de gado e o desenvolvimento de manufaturas, como as famosas redes do rio Negro. Sedes de antigas aldeias se transformam em vilas, a exemplo de Mariuá (Barcelos), dos Manao. É o tempo da construção de fortes para a consolidação da fronteira. No rio Negro, os grupos mais numerosos (Tarumá, de língua isolada, Pasé, Baré, Manao, de língua Aruak) já estavam dominados. Em 1729, Belchior Mendes de Morais havia morto ou aprisionado 20 mil índios Manao, numa resistência em que se destacou Ajuricaba. Pedro da Costa Favela havia destruído trezentas malocas no rio Urubu. Em 1834, desencadeia-se o movimento nativista dos Cabanos em que se envolvem grupos indígenas, ao lado de mamelucos, ambos atrozmente perseguidos, principalmente os primeiros, dando lugar a movimentos messiânicos no rio Negro e no Içana, que se repetem até meados do século XX.

No período decorrido entre 1840 e 1920 ocorre a fase da exploração de gomas-elásticas, principalmente a borracha (1879 a 1910), que atrai para a região levas de nordestinos, desarraigados pela seca e pelo latifúndio. Cada rio, cada igarapé é devassado na busca a princípio do caucho (*Castilloa elastica*), que é logo exaurido – porque, para extrair o látex, a árvore era abatida –, e mais tarde da seringa (*Hevea brasiliensis*). O caucho, a balata e a borracha (assim como a sorva, a mangaba, a maçaranduba) eram conhecidos desde sempre pelos indígenas, que os usavam para fazer bolas e impermeabilizações. As gomas-elásticas adquirem importância com o desenvolvimento da indústria de pneus para veículos a motor, tornando a Amazônia a única fonte dessa matéria-prima.

Deixemos a Amazônia do século XX, para retroceder à do século XIX, focalizando a participação indígena em uma das maiores insurreições nativistas no Brasil: a Cabanagem.

"Tapuio" é a designação atribuída por Carlos de Araújo Moreira Neto aos índios destribalizados da Amazônia e que, segundo esse autor, eram a grande massa

> **"que dava à região o seu inconfundível aspecto de sociedade dual, onde os homens se opunham, ao mesmo tempo, por critérios de origem étnica e socioeconômica."**

Os "Tapuios" constituíam os trabalhadores dos brancos, chamados "índios já domesticados", entregues aos trabalhos agrícolas, à coleta de drogas do sertão, às fainas da navegação, à construção de obras públicas e ao trabalho doméstico. Dessa massa saíram os combatentes da Cabanagem. Viviam nos aldeamentos das Missões ou nas proximidades dos centros urbanos. Os grupos ainda não destribalizados, mas já em contato com o *regatão* – o comerciante dos igarapés –, eram acerbamente explorados, a ponto de trocarem uma garrafa de aguardente pela produção de seringa de um ano inteiro, ou uma camisa por uma arroba de guaraná. Afora estes, havia os grupos tribais ainda não contatados, refugiados no recôndito da floresta, no alto dos rios encachoeirados, áreas ainda não atingidas pela expansão da sociedade nacional.

A Cabanagem (1835-1839) eclode no período de regência de D. Pedro II, quando afrouxa o poder imperial, sobrevindo a instabilidade política, social e econômica em toda a região amazônica. A isso se soma a revolta contra o colérico comando militar do presidente da província do Pará, Bernardo Lobo de Souza, assassinado quando da primeira investida dos cabanos a Belém, em 1835. Lobo de Souza, assim como seu sucessor, Francisco Soares Andréa, o aniquilador da revolta, eram militares portugueses que governavam a província com arbítrio e despotismo, ignorando a Independência, como se a Amazônia ainda fosse colônia de Portugal. A seu lado, representando uma pequena minoria, estava a classe dirigente, também de portugueses em sua maioria, ou "brasileiros adotivos", constituída de proprietários agrícolas e comerciantes prósperos. A rebelião assume por isso o caráter de movimento nitidamente antieuropeu das populações indígenas e mestiças que buscavam recuperar sua identidade perdida.

A principal reivindicação da Cabanagem era a libertação da Amazônia indígena da opressão branca. Nesse sentido, a diminuta classe dominante logo se deu conta que a finalidade da rebelião era o confisco de suas propriedades e sua deportação pura e simples.

Na definição de C. A. Moreira Neto,

> "A Cabanagem foi o momento histórico da tentativa de emergência dessa massa de 'tapuios' e outros mestiços, social e etnicamente degradados, e que procuravam escapar aos duros moldes da sociedade colonial por uma rebelião armada que, a despeito de seus aspectos políticos mais aparentes e explícitos, tinha um conteúdo de mudança social extremamente revolucionário para as condições locais."

> "Seu símile mais próximo deve ser buscado fora das fronteiras do Brasil, nas 'Guerras de Castas' do Yucatan, no México, que tiveram início mais ou menos na mesma época e se prolongaram por quase todo o século XIX."

Os historiadores dão como precursor da revolta, e seu ideólogo, o cônego Batista Campos que, através da pequena imprensa e pela pregação nos rios e igarapés, propala os ideais nacionalistas. Degredado numa prisão do rio Madeira, Batista Campos é conduzido à vice-presidência da província pelas Câmaras do baixo Amazonas, mas morre pouco tempo depois, sendo substituído por Félix Malcher e Francisco Vinagre, que também não tardam a cair. Uma das figuras mais vigorosas da Cabanagem é Eduardo Angelim, que se torna condutor e novo intérprete do movimento insurrecional. Belém é tomada pela segunda vez pelos cabanos, que concentram sua resistência no Tapajós. A contraofensiva legalista, comandada por Ambrósio Pedro Ayres, português ou alemão de alcunha Bararoá, e pelo padre Sanches de Brito, obriga-os a recuar para o alto Amazonas. As operações de guerra ficam então nas mãos de Apolinário Maparajuba. Em março de 1836, os cabanos entram na Vila da Barra (Manaus), lutando com sarabatanas e flechas envenenadas, com facões e com punhais, recebendo a adesão da Câmara Municipal.

Forçados a recuar, por pressão de Freire Taqueirinha, os cabanos sobem pelo rio Negro até o Içana, tomam Maués no rio Madeira, e passam a dominar também o baixo Amazonas. A Câmara de Maués (Luzeia) adere ao movimento. Acossados, resistem durante dois anos, usando a tática de emboscadas, de recuos e avanços, sempre apoiados pelas malocas indígenas dos rios Madeira, Negro e Tapajós. Os barcos

Chefe Munduruku com indumentária cerimonial. Desenho de Hércules Florence, 1828.

ingleses, que já haviam bombardeado Belém, no auge da conflagração, voltam com reforços e sitiam os insurretos. É decretada a anistia e finalmente, em novembro de 1839, os cabanos se rendem.[1]

A consequência política da Cabanagem foi a outorga do estatuto de província ao Amazonas, em 1850. Para as malocas indígenas e para os "Tapuios", ela representou a mais feroz repressão, que atingiu qualquer tribo suspeita de ter dado guarida, participado ou simpatizado com os cabanos. Assim, são atingidos os Mura do rio Madeira, que tomaram em armas contra as forças legalistas. Acusados de matar Ambrósio Ayres, em 1838, cessadas as hostilidades, são ferozmente perseguidos. As epidemias, que grassaram durante e após a Cabanagem, deram praticamente cabo dos Mura, calculados em 60 mil índios no início do século XVIII. Furiosa repressão foi movida também aos Munduruku e Mawé, do Tapajós, tribos igualmente numerosas, que tiveram suas aldeias invadidas, a população dispersa e transferida para trabalhos forçados em áreas distantes das antigas povoações. Os 980 cabanos que se renderam às autoridades em Luzeia, entregando seus arcos e flechas, as únicas armas que possuíam, eram em sua maioria índios Mawé e Munduruku. Alto preço pagaram também as várias tribos do rio Negro. A desorganização da produção, a falta de alimentos e a incidência de epidemias custaram-lhes muitas vidas.

Em dezembro de 1839, o presidente da província do Pará, Bernardo Souza Franco, que sucede Andréa, afirma que os abusos cometidos pelos comandos militares, o reforço das formas tradicionais de contingenciamento da mão de obra indígena impediam a pacificação da Amazônia. No mesmo ano, quando já os últimos focos de resistência da Cabanagem estavam erradicados, Souza Franco oferece os seguintes cálculos populacionais: 13.740 almas seria a população da cidade de Belém, distribuída por 2.290 casas, nas quais haveria no mínimo dois escravos, somando 4.580 (o dobro das avaliações oficiais). Ou seja, mais de um terço da população da cidade era constituída de escravos. Em 1841, Souza Franco volta a dar uma estimativa da população de toda a província: 300 mil habitantes, dos quais 100 mil "índios selvagens", ou seja, ainda livres.

A conquista do Brasil Central

A ocupação do território nacional ainda não devassado nos séculos XIX e XX se assemelha em tudo à dos séculos precedentes. Só que, em lugar dos bandeirantes mamelucos, encontramos bandos armados de chacinadores de índios, que usam estra-

---

1 Ver WERNET, Augustin. *O período regencial*, História Popular, n. 7, São Paulo: Global Editora, 1982 (NE).

tagemas antigos, como: envenenar as águas com estricnina, deixar roupas contaminadas de varíola, botar fogo nas aldeias para dispersar os índios, aprisionar mulheres e crianças para atrair os homens e outras formas mais sutis e depravadoras, como ofertas de bugigangas e de cachaça, para amolecer as vontades e a consciência. Os fundamentos ideológicos da conquista foram a marcha inexorável da civilização que não podia deter-se sob pretexto algum. Consideravam o índio uma fera indomável interposta a esse caminho; um peso morto que detinha terras virgens; um empecilho ao progresso e à urbanidade. Entretanto, a "civilização" que era – e ainda hoje é – levada ao índio não representa os cumes da ilustração, da fartura generalizada, da liberdade individual. O que oferecem ao índio e a seu descendente mameluco ou cafuso – assim como ao negro liberto e ao mulato – é a vida famélica do seringueiro, do castanheiro, do vaqueiro, do lavrador sem terras, do boia-fria, da prostituta e da empregada doméstica, do mocambeiro e do favelado dos grandes centros. A história dessa penetração, feita quase sempre a ferro e fogo, é a do avassalamento e extermínio de um elenco infindável de tribos, que chega a ser cansativo enumerar. A maioria delas deixou de si apenas alguns topônimos, que hoje identificam seus antigos nichos. O mesmo destino trágico tiveram os grupos indígenas entregues à catequese missionária como os que foram objeto de "amansamento" pelas agências oficiais, as diretorias de índios.

Em 1850, uma lei de terras regulariza a posse territorial, instituindo, como princípio básico, não a ocupação efetiva através do amanho da terra, mas a aquisição. Essa lei, reeditada na legislação posterior, ainda hoje entrava o desenvolvimento nacional e o bem-estar de milhões de brasileiros. É responsável pela miséria do campo e da cidade e foi terrivelmente danosa aos índios. Embora em seus dispositivos ficasse consignada a doação de terras públicas pertencentes aos estados para usufruto indígena, elas eram e continuam sendo invariavelmente alienadas a particulares, por mil artimanhas de dolo e má-fé. Assim se retira ao índio o chão sob seus pés, ou seja, o substrato de sua sobrevivência.

Com base em *Os índios e a civilização*, de Darcy Ribeiro, citaremos alguns exemplos das relações entre índios e brancos em certas áreas abertas à exploração capitalista-mercantil nos séculos XIX e XX.

Em 1904, o então tenente-coronel Cândido Mariano da Silva Rondon inicia uma obra de desbravamento sem paralelo, por seus conteúdos humanísticos e científicos. Positivista, imprime uma orientação civilista ao Exército sob seu comando, no sentido do reconhecimento geográfico e geológico, da construção de obras de engenharia colocadas a serviço da comunidade nacional. Fez-se acompanhar de antropólogos, como Edgar Roquete Pinto, zoólogos, como Alípio de Miranda Ribeiro, botânicos, como A. C. Hoehne, geólogos, como Alberto Betim Paes Leme, que estudaram a natureza e as populações humanas de todas as regiões que a Comissão

Rondon palmilhou. Infundiu um sentido de dignidade à penetração, alertando a tropa de que era ela a invasora e que a aproximação de qualquer tribo, por mais hostil que fosse, tinha de ser feita por meios brandos e persuasórios. Sua legenda – "Morrer se preciso for, matar nunca" – passou a ser a máxima do Serviço de Proteção ao Índio (SPI), que criaria em 1910.

Rondon reencontra os Paresi, avassalados desde o século XVII, quando da descoberta das minas de ouro da região do Guaporé. Coloca-os ao abrigo da Comissão, contra as investidas dos seringueiros que lhes roubavam as mulheres, as roças e os viciavam na aguardente. Convence-os a se transferirem a terras mais férteis, manda alfabetizar os mais aptos e prepará-los como artífices e telegrafistas das estações que ia implantando, na primeira etapa da construção de linhas telegráficas de Cuiabá ao Amazonas.

Inicia, em seguida, a penetração do território de uma tribo hostil aos Paresi, tida como antropófaga e indomável, o que acarretou pavor à tropa: os Nambikwara. Esses índios, que ainda utilizavam machados de pedra, tinham tido conflitos sangrentos com os seringueiros, que continuamente invadiam seu território. Como era inevitável, os novos invasores foram recebidos com saraivadas de flechas. O próprio Rondon foi atingido, mas impediu qualquer revide. Com isso, fez-se a atração pacífica com alguns bandos Nambikwara, que então somavam cerca de 20 mil índios.

Prosseguindo os trabalhos, em 1913, a Comissão Rondon depara com outra tribo, até então não contatada: os Kepkiriwát. Rondon supõe que ela fora atraída pela picada aberta a golpes de facão e quisera ver os autores de tão incrível façanha. Espontaneamente aproximara-se da Comissão, sendo presenteada com os instrumentos que haviam aberto a trilha em suas terras.

Em seguida, a Comissão entra em contato com diversas tribos também Tupi do rio Gy-Paraná. Todas elas haviam sido vítimas de arbítrios perpetrados por seringueiros que invadiam seu território, a partir do rio Madeira. Em seu diário, Rondon registra uma tentativa de "pacificação" de seringueiros feita por uma delas, os Rama-rama. Escreve Rondon:

> **"Cansados de tantos sofrimentos, os índios resolveram 'catequizar', 'amansar' ou se quiserem 'domesticar' aquele 'civilizado' sobre o qual certamente teriam opinião um tanto parecida como a que muitas vezes vemos expender-se a respeito deles mesmos; isto é, a de ser um bárbaro com instinto de fera (...) Atônito, (...) viu aqueles 'selvagens' que o podiam acabar em um instante e com toda a segurança, estenderem-lhe as mãos desarmadas, oferecendo-lhe frutas" (...)".**

Depois da passagem da Comissão Rondon, os grupos que viviam no antigo território do Guaporé, atualmente estado de Rondônia, a maioria deles virgens de contato com a civilização até o século XX, aproximaram-se dos seringueiros, pensando que era gente com a mesma atitude branda e conciliatória. A consequência foi desaparecerem, ou minguarem até quase a extinção, cerca de dezoito tribos nas duas primeiras décadas do século. Os Tupari, por exemplo, declinaram de 2 mil, prévio ao contato, para 180 em 1948 e para quinze em 1957. A docilidade, como no caso dos Paresi, foi-lhes fatal.

O mesmo destino tiveram tribos aguerridas pertencentes à família linguística Jê como os Akwen e os Kayapó, da região de campos e cerrados do Brasil Central. Os Akwen, que ocupavam a bacia do Tocantins, desde o sul de Goiás até o Maranhão e do rio São Francisco ao Araguaia, tinham sido atingidos, primeiro, pelos bandeirantes faiscadores de ouro, pelos criadores de gado e finalmente pelos seringueiros. Em 1785, cerca de 5 mil índios foram aldeados pelo governador de Goiás junto a um estabelecimento militar. A experiência não deve ter sido boa, porque anos mais tarde a aldeia de Carretão ficou deserta, retornando os índios a seu território tradicional. Os Akwen dividiram-se, então, em dois grupos. O mais arredio, conhecido como Xavante, emigrou para a margem esquerda do Tocantins, em 1824, depois para o Araguaia (1859) e finalmente para o rio das Mortes, em Mato Grosso. Defendeu seu território, mantendo em pânico tanto as populações indígenas como as sertanejas vizinhas, até que foi pacificado por Francisco Meireles, funcionário do SPI, em 1946.

A outra divisão dos Akwen, os Xerente, instalou-se na margem direita do rio Tocantins. Mostrou-se menos hostil que os Xavante e em 1870 começou a ser catequizada por frei Antônio de Ganges, capuchinho. Não demorou muito para que moradores sertanejos se apossassem das terras dos Xerente. Formou-se o arraial Tereza Cristina, rebatizado Piabanhas, gerando graves conflitos entre índios e sertanejos. O próprio imperador Pedro II teve de intervir, destinando uma reserva para usufruto exclusivo dos Xerente. Nela havia excelentes pastagens e os moradores não tardaram a ocupá-las com seu gado. Até hoje os Xerente reclamam as terras doadas pelo imperador, que até entrou em seus contos míticos como um herói ancestral. A depopulação dos Xerente foi tão drástica como a de outros grupos que se opuseram à expansão pastoril. De 4 mil em 1824, sobravam 1.360 em 1900, 800 em 1929 e 350 em 1957.

Um conjunto de tribos guerreiras conhecido como Kayapó setentrional, dotado de grande mobilidade, cobria em suas investidas o território compreendido entre o Araguaia e o Tapajós. Chegavam a atacar tribos a mil quilômetros de distância de suas aldeias, como os Karajá e Tapirapé, tornando-se o terror de índios e sertanejos. Um pequeno grupo, o do rio Pau d'Arco, afluente do Araguaia, confraternizou com a população local, em 1860, a fim de obter ferramentas e outros utensílios. Em 1867, um missionário dominicano, frei Gil de Villanova, repetiu a desastrosa experiência de frei Antônio de Ganges, criando um arraial onde reuniu os moradores locais e os índios Kayapó. Localizados numa aldeia junto ao arraial, frei Gil contava desindianizá-los, convertendo-os à fé cristã.

> **"Desta maneira" – escreve o biógrafo de frei Gil – "o elemento selvagem se extinguirá por si mesmo; depois de duas ou três gerações, a tribo se achará incorporada, não só à sociedade como à Igreja."**

Passadas as três gerações, o arraial cresceu e a aldeia desapareceu. Hoje existe no local a cidade Conceição do Araguaia. Dos 1.500 Kayapó de Pau d'Arco não restou nenhum.

Os demais grupos Kayapó setentrionais mantiveram-se hostis, enfrentando levas de castanheiros e seringueiros que se derramavam sobre seu território, partindo de Conceição do Araguaia e de Altamira, no rio Xingu, onde ninguém esconde o ódio mortal contra esses índios. Entre 1950 e 1960, enfraquecidos pela dizimação, foram finalmente pacificados pelo SPI os grupos Kayapó que sobreviveram até nossos dias: Gorotire, Xikrin, Kubenkrankegn e poucos outros.

A frente agrícola

Os últimos bolsões de mata virgem do sul de Minas Gerais, do Espírito Santo e sul da Bahia foram devassados no início do século XX. Na densa e pujante floresta atlântica, refugiavam-se grupos "Tapuia": os Kamakãn (Masacará), os Pataxó, os Maxakalí, os Xakriaba, os Botocudo e os Puri-Coroado. Os dois últimos tinham sido alvo de "guerra justa" e escravização, no começo do século XIX. Leis criminosas, abolidas desde o século anterior, eram reeditadas: as cartas régias de D. João VI de 1808 e 1809. Mais tarde, essa faixa de mata ubérrima foi destinada ao cultivo de algodão, fumo e café por colonos europeus, tidos como gente de "boa raça", melhor que índios, mamelucos, negros e mulatos. Essas colônias ocuparam os vales dos rios Jequitinhonha, Mucuri e São Mateus.

Em território baiano, entre o rio das Contas e o rio Pardo era aberta uma nova fronteira, de plantadores de cacau. A enorme procura desse produto no mercado internacional e a decadência das lavouras de cana, fumo e algodão fizeram que rapidamente uma imensa floresta de jacarandá e outras madeiras de lei fosse desmatada, retirando a cobertura vegetal em que bandos assustadiços de Kamakãn e Pataxó se acoitavam. Armados de flechas e espalhando estrepes de madeira para *minar* o terreno, esses índios enfrentaram grupos de jagunços empreitados pelos grandes fazendeiros de cacau para exterminá-los. Para isso, usaram o envenenamento das aguadas e a contaminação propositada de bexiga.

Os Botocudo, acossados desde o início do século XIX, viram-se defrontados com o sistema de fortificações erguidas ao longo do rio Doce para garantir a navegação, contra o assédio das tribos hostis. Um dos comandantes, o coronel francês Guido Marliére, conseguiu estabelecer relações pacíficas com eles, porque, como diz Darcy Ribeiro,

> "(...) para escândalo de seus contemporâneos, julgava que a guerra contra os índios melhor se faria com grãos de milho do que com chumbo".

Com a retirada de Guido Marliére, os Botocudo voltaram a ser hostilizados. Um grupo remanescente, os Baenãn (Hãehãe) do sul da Bahia, só foi pacificado em 1924 por Telésforo Martins Fontes, funcionário do Serviço de Proteção ao Índio. Logrou-o, depois de inúmeras tentativas frustradas – tal o pavor que tinham de qualquer aproximação com civilizados –, quando, avistando um grupo, despojou-se de suas roupas e correu para abraçá-los.

Outro trecho de mata atlântica e de araucária, do interior de São Paulo, Paraná e Santa Catarina, tinha ficado intocado até o século XIX. Era o antigo hábitat dos Guaianá ou Guaianases mencionados pelos cronistas de 1500. A sobrevivência de seus descendentes, de língua Kaingang, pertencente ao tronco Macrojê, deveu-se a isso. E também porque, tidos como rudes e indomáveis, não despertaram o interesse dos bandeirantes como mão de obra escrava.

Com o avanço das culturas de café do vale do Paraíba para São Paulo e a abertura da Estrada de Ferro Noroeste do Brasil, que ligaria Santos a Corumbá, as aldeias dos Kaingang foram alcançadas. Os índios atacavam as turmas de trabalhadores da estrada, sendo revidados por chacinas que provocavam novos ataques. A empresa armou seu pessoal que ficava de sentinela noite e dia, criando um ambiente de terror de ambos os lados. Disso se aproveitaram os grileiros para adquirir terras fertilíssimas a baixo preço. Na verdade, os trabalhadores morriam mais de epidemias de malária, febre silvestre e úlcera de Bauru que grassavam na região. Mas as mortes eram atribuídas aos índios, dando motivo a novas represálias. Batidas eram financiadas pela administração da Estrada. Surgem, assim, especialistas em massacres de índios, os tristemente célebres "bugreiros", que queimavam as aldeias, devastavam as roças e matavam indiscriminadamente homens, mulheres e crianças. Os maiores morticínios ocorreram entre 1908 e 1910.

O Serviço de Proteção ao Índio, fundado em 1910, efetua, em 1912, com a ajuda dos Kaingang pacíficos, do Paraná, a atração dos Kaingang paulistas. Nela se empenham, primeiro, o tenente Manuel Rabelo e depois o professor universitário, positivista como Rondon, Luís Bueno Horta Barbosa, que nos anos subsequentes se devotaria inteiramente à causa indígena.

Outro ramo dos Kaingang, os Xokleng (chamados Bugres pelos colonos), ocupavam as matas de araucária entre o Paraná e Santa Catarina. Estavam divididos em pequenos bandos, hostis entre si e hostilizados por outros grupos indígenas. Eram desprovidos de canoas, moravam em abrigos precários, apesar do rigor do clima, vivendo da caça e da coleta, principalmente de pinhões. Em meados do século XIX, partes de suas terras foram retalhadas e vendidas a camponeses italianos, alemães e eslavos, para exploração agrícola. Aqui a invasão era de menor vulto, se comparada à cafeeira e à cacaueira, representada por famílias isoladas que construíram suas casas e lavraram as terras com as próprias mãos. Armados, porém, dos mesmos preconceitos dos sertanejos, afeitos ao trato com o índio, viam nele o inimigo implacável, pronto a roubar e a matar, tornando qualquer entendimento impossível.

Às escaramuças seguiu-se o pânico e o êxodo dos colonos. Para estancá-lo, o governo enviou uma guarnição militar instruída a dar segurança ao imigrante e expulsar o habitante nativo. Não podendo pôr fim aos conflitos, outras medidas foram tomadas, como armar os colonos e, sobretudo, bandos de facínoras, que batiam a mata em todas as direções para caçá-lo. Surpreendiam os índios durante o sono, cortavam as cordas dos arcos e se compraziam em "cortar carne inerme de homens acovardados pela surpresa", escreve o doutor Hugo Guensch, médico de Blumenau acusado de *Bugervater* (pai de Bugre), porque se opunha publicamente a tamanhas carnificinas. Os troféus dos bugreiros eram as crianças apresadas, vendidas a quem desse mais.

Outro alemão, entretanto, o cientista Hermann von Ihering, advogava por qualquer solução, "humanitária ou não", contanto que não se frustrasse o empreendimento colonizador:

> "Em primeiro lugar se deve defender os brancos contra a raça vermelha. Qualquer catequese com outro fim não serve. (...) Se a tentativa não der resultado algum (...) então, sem mais prestar ouvidos às imprecações enfáticas e ridículas de extravagantes apóstolos humanitários, proceda-se como o caso exige, isto é, exterminem-se os refratários à marcha ascendente de nossa civilização (...)".

A pacificação dos Xokleng de Santa Catarina foi feita, em 1914, por um funcionário do Serviço de Proteção ao Índio, Eduardo de Lima e Silva Hoerhen caminhando nu a seu encontro. A de um grupo menor, do Rincão do Tigre, custou a vida de seu pacificador, o sertanista Fioravante Esperança.

A ÚLTIMA FRONTEIRA

> "Neste momento, está sendo travada uma guerra silenciosa contra povos aborígines, contra camponeses inocentes e contra o ecossistema da floresta na bacia Amazônica."
>
> Shelton H. Davis, 1978

A Amazônia é o último reduto de 60% das tribos indígenas atualmente existentes no Brasil. Para o homem do campo, sem terra, ela representa também a última fronteira. O deslocamento das frentes de expansão sobre a Amazônia intensifica-se a partir de 1965. O modelo desta expansão tem características singulares, embora algumas delas e suas consequências se assemelhem com o que sucedeu em outras regiões ao longo da história.

As características comuns são:

1. a frente de expansão ignora ou finge ignorar que as terras sobre as quais se expande têm ocupantes indígenas e, portanto, não são passíveis de apropriação; e
2. a ocupação se faz inicialmente por posseiros, que criam seus nichos em torno de atividades orientadas para o mercado e a precárias atividades de subsistência. Posteriormente são desalojados pela ação de grileiros que registram em cartório a posse da terra.

O aspecto "inovador" é que, atualmente, imensas glebas, servidas por rodovias e outras obras de infraestrutura, estão sendo adquiridas por grandes empresas nacionais e multinacionais.

As consequências para a população migrante são o seu contínuo deslocamento, a aparição da polaridade latifúndio/minifúndio e a mudança do excedente populacional para a periferia das grandes cidades. Para a população indígena, as consequências são: a redução progressiva do território tribal, o contágio com doenças antes desconhecidas, a perda da autonomia econômica e política, a dependência crescente de bens e remédios para a sobrevivência, e, ainda, o envolvimento em conflitos com migrantes pobres que buscam acesso à terra ou a recursos extrativistas, minerais e vegetais. Ambos são vítimas da política de apropriação da terra e dos recursos do subsolo em benefício da acumulação capitalista e não para satisfazer as necessidades de sobrevivência dessas populações pioneiras.

Tomemos o exemplo – entre muitos – da mais recente frente de expansão que se processa no sul do Pará.

Em 1970, o levantamento aerofotogramétrico do Projeto Radam revelou a existência de reservas de ouro, prata, chumbo, zinco, diamantes, cobre, manganês, níquel, cassiterita e também a existência de manchas de terra-roxa correspondendo a 10% da área do município de São Félix do Xingu. Milhares de pedidos de demarcação de lotes e dezenas de pedidos de exploração mineral deram entrada no Instituto Nacional de Colonização e Reforma Agrária (Incra) e no Departamento Nacional de Produção Mineral (DNPM).

Por volta de 1975, o município foi incluído no Programa Polamazônia. O projeto previa a construção de um aeroporto, de uma estrada ligando São Félix a Marabá e Conceição do Araguaia (PA-279), a demarcação de terras e o desenvolvimento urbano. O início da construção da estrada, em 1976, fomentou uma "corrida às terras", elevando o preço do hectare de 1 dólar em 1972 a 25 dólares em 1977. No entroncamento da nova estrada com a PA-150, surge, dois anos mais tarde, uma comunidade de 8 mil pessoas. É a cidade de Xinguara (Xingu + Araguaia). A promessa governamental de colonização ao longo da estrada aumenta a leva de migrantes. Xinguara e regiões limítrofes alcançam uma população de 30 mil camponeses sem terra em 1980, a maioria vinda de Goiás, Mato Grosso e outras áreas do sul do Pará.

O programa de colonização não chega a ser implantado. Em vez disso, o acesso à terra é dado a grandes investidoras como o grupo Pedro Ometto, de São Paulo, e Andrade Gutierrez, de Minas. Este último adquire 400 mil hectares. Outros 500 mil são vendidos em lotes de 3 mil, inacessíveis aos migrantes que chegaram primeiro. A maior parte dos investidores planeja instalar fazendas de gado na área. Com isso, põe-se abaixo toda a floresta e se utiliza pouquíssima mão de obra. A construtora Gutierrez absorverá, quando muito, 3 mil famílias para a produção agrícola em sua propriedade, onde se encontra a maior faixa de terra fértil do município. Mas essa colonização privada – o Projeto Tucumã – tenciona trazer colonos do Paraná que terão suas terras inundadas pela hidrelétrica de Itaipu. O trabalho de mineração será certamente mecanizado, assim como o de exploração da madeira.

É de se perguntar: para onde refluirá essa onda de 30 mil pessoas que em cinco anos chegou a essa nova fronteira?

Próximo a São Félix do Xingu encontra-se a reserva Gorotiré, que faz limite com o latifúndio Gutierrez. O Parque Indígena Kayapó, projetado em 1974, não foi oficialmente criado. Ainda assim, sua área já foi reduzida. Deveria abrigar os Gorotire e Kubenkrankegn do rio Fresco, afluente do Xingu. Outros grupos Kayapó da área – Kokraimoro, Menkranotire, Kararaó – do médio Xingu (margem direita do rio Iriri) tampouco têm suas reservas demarcadas. A dos Xikrin do rio Cateté (município de Marabá) teve uma parte amputada pelo traçado da PA-279 e invadida, embora tenha sido demarcada.

No médio Xingu, margem direita, localizam-se outros grupos indígenas ameaçados de terem suas terras invadidas com o fechamento dessa última fronteira. No Igarapé Ipiaçava vivem os Asurini com onze anos de contato com a sociedade nacional. Nesse período perderam 69% de sua população, reduzindo-se de 78 a 54. O incremento da natalidade foi de 0,05% no período. O levantamento das causas das mortes que fizemos, em março/abril de 1981 entre os Asurini, demonstrou que, em setenta casos sobre os quais obtivemos informações, 42, ou seja, 60%, se deviam a moléstias transmitidas pelos brancos (malária, gripe, broncopneumonia etc.). A prática do aborto, provavelmente intensificada nos últimos dez anos pós-contato, devido ao elevado número de mortes que desequilibraram demograficamente a sociedade Asurini, já era corrente entre esses índios. Sua persistência ameaça a sobrevida do grupo. Para isso contribui, também, a alta incidência de tuberculose – dez casos comprovados num total de 54, ou seja, 18% da população.

Os Araweté, grupo Tupi do Igarapé Ipixuna, margem direita do médio Xingu, contatado há apenas seis anos, apresenta um quadro mais animador. Vítimas, igualmente, do contágio de doenças por seringueiros, castanheiros e caçadores de onças, com os quais entravam em contato para obter instrumental de ferro, conseguiram manter o equilíbrio das várias faixas de idade e até aumentar de número. Segundo registro do funcionário da Funai, João Carvalho, em 1976, no momento do contato, eram 119. Em maio-junho de 1981, contamos 130.

A população do beiradão do Xingu, muito pobre e rarefeita, composta de antigos moradores que combinam atividades extrativas (borracha, castanha, caça e pesca) e agrícolas de subsistência, embora responsável pelo contágio de doenças no período pré e pós-contato, não representa uma ameaça à integridade territorial dessas duas tribos. Entretanto, o grande afluxo de população deslocada de outras áreas e a escassez de terras livres que, em consequência, se fará sentir, certamente mudarão esse quadro.

O golpe final será dado se concretizarem os projetos de construção da hidrelétrica do Xingu, que afetarão os Asurini, os Araweté, os Kokraimoro e os Menkranotire localizados no Posto indígena Jarina. No melhor dos casos, parte das terras da reserva – ainda não demarcada – onde se localizam o posto e a aldeia

Asurini será inundada. A própria construção das barragens, situadas a apenas 80 km dessa reserva, trará efeitos desastrosos pela proximidade de trabalhadores e de máquinas potentes que, ao lado do desastre ecológico, aprofundarão o sentimento de derrota e de impotência da outrora poderosa e, ainda hoje, orgulhosa tribo Asurini. Os mesmos efeitos devem ser esperados por parte dos Araweté, com menos experiência ainda de contato com o branco, e, como vimos, com perspectivas mais otimistas de crescimento, exceto se ocorrerem os desenvolvimentos aqui discutidos.

É de se temer, portanto, pela sorte dos recém-contatados Araweté e Asurini; a dos grupos, destacados destes, que se acredita vivam nas cabeceiras dos referidos igarapés; e a dos bandos Parakanã, ainda não contatados, que perambulam entre o Bacajá e o Ipixuna. Estes desferiram ataques aos Araweté em 1976 e 1977, exigindo grande vigilância para que não voltem a fazê-lo. As experiências traumáticas das lutas intertribais, presentes no espírito de todos os grupos da área, o contato recente com a sociedade nacional, o assédio das doenças, tudo isso somado à repentina modificação do meio ambiente, a perda de roças, áreas de caça e coleta e das próprias aldeias, representará um duro golpe ao precário equilíbrio estabelecido nesses poucos anos de contato.

O Parque Indígena Kayapó, com 26.570 km^2, ainda em processo de demarcação (município de São Félix do Xingu, margem oriental do Xingu), abriga metade da população Kayapó da atualidade, ou seja, cerca de 1.192 índios. A hidrelétrica do Xingu – a prevalecer a alternativa mais benigna – alagará o posto e a aldeia Kokraimoro, com suas roças, locais de caça, castanhais etc.; a aldeia e a reserva de Kararaó, na junção do Iriri com o Xingu, com uma extensão de 2.490 km^2; a oeste e noroeste do PIK, a hidrelétrica atingirá o posto Kikretun e a aldeia Gorotiré e ainda as aldeias dos Kubenkrankegn do rio Riosinho, afluente do rio Fresco.

O deslocamento de máquinas e homens em grande quantidade e a construção de linhas de transmissão, de entrepostos, de ramais de acesso às rodovias principais afetarão não só os grupos citados, mas também os Kayapó-Xikrin das reservas do Bacajá (afluente do Xingu) e do Cateté (tributário do Itacaiúnas, município de Marabá).

Não para aqui, vai mais além. Um dos reservatórios localizados no sul do Pará extravasará suas águas aquém e além da BR 80, invadindo a reserva de Jarina (situada fora do Parque Nacional do Xingu) e Kretire (dentro do PNX), onde vivem os Txukahamãe ou Mentuktire, grupo Kayapó.

As obras previstas no Plano de Desenvolvimento Integrado do Vale do Rio Xingu trarão inevitavelmente terríveis consequências para os índios do médio e do alto Xingu, isto é, aqueles que há menos de uma década estavam aparentemente livres de quaisquer pressões. Tais seriam, além das usuais (contato indiscriminado com massas de trabalhadores, doenças, pressão para obtenção de terras): contaminação de esquistossomose, malária e febre amarela e a alteração física, química e ictiológica do rio Xingu.

Resta falar da atração dos índios Arara, provavelmente grupo Karib. Na altura do km 75 da Transamazônica (cerca de 100 km distante de Altamira) foram atraídos pela Funai os remanescentes dos índios Arara. Os colonos que ocuparam terras ao longo da estrada, no início da década de 1970, beneficiaram-se das roças desses índios plantadas com mamão, banana, mandioca, e que foram delas escorraçados. Aqui também ocorreu o processo que se repete hoje em São Félix do Xingu. Somente uma empresa, a Contrijuí – Cooperativa Tritícola de Ijui –, do Rio Grande do Sul, recebeu, em 1974, 396.150 hectares de terra indígena ao sul da Transamazônica. Comenta-se em Altamira que poucos colonos pioneiros permanecem nas agrovilas criadas pelo Incra na década de 1970.

Quanto aos índios Arara, resistiram o quanto puderam ao contato. Escondiam suas roças, suas casas. Trabalhavam à noite para não serem vistos, não serem ouvidos, conscientes, pela experiência passada e recente, do que podiam esperar do branco. Mais uma vez, a atração de grupos arredios ou hostis se processa sem demarcação prévia do território. Isto é, sem levar em conta os legítimos direitos de seus primitivos habitantes e sem atentar para a experiência histórica de depopulação por epidemias e de desintegração sociocultural.

A questão indígena e a política indigenista

Vimos que com a expulsão dos jesuítas, em 1759, imprime-se a orientação pombalina (1750-1777) à questão indígena. O índio cobra importância semelhante à que teve no século XVI, devido à necessidade de demarcar as fronteiras do Brasil e consolidar a soberania portuguesa sobre territórios disputados pela Espanha, no Sul, e por outras potências colonialistas (França, Inglaterra, Holanda), no Norte.

Instalam-se as Diretorias de Índios, que não deixam de ser iguais ou mais espoliativas que o governo das Missões. As irregularidades e os abusos dos diretores levam à extinção do regime de diretórios em 1798. A Carta Régia de 12 de maio desse ano atribui ao índio a condição de *menor*, princípio esse reiterado na legislação posterior e mantido até o presente.

Em 1808-1809 são promulgadas três Cartas Régias por D. João VI, decretando novamente a "guerra justa" contra os Botocudo de Minas Gerais, que se opunham à invasão do seu território. A autorização do cativeiro por espaço de quinze anos, a partir do batismo, torna a conversão uma espécie de condenação. Há, portanto, uma volta à legislação que parecia obsoleta. Não obstante, a política de D. João VI em relação ao índio é classificada por Perdigão Malheiros como um "sistema misto": uso da força, de um lado, e persuasão, do outro.

Com a vinda da família real para o Brasil, são aumentadas as concessões de terras às famílias nobres emigradas, retirando-se às tribos indígenas remanescentes, junto aos centros do litoral, o substrato de sua autonomia e de sua sobrevivência, que é a posse do território tribal.

Em 1823, José Bonifácio, o "patriarca da Independência", apresenta a famosa *memória*, "Apontamentos para a civilização dos índios bravos do Brasil", contendo princípios que mais tarde seriam retomados por Rondon, exceto o último, na organização do Serviço de Proteção ao Índio. Tais eram:

"1º) **Justiça – não esbulhando mais os índios, pela força, das terras que ainda lhes restam e de que são legítimos senhores;**

2º) **Brandura, constância e sofrimento de nossa parte, que nos cumpre como a usurpadores e cristãos;**

3º) Abrir comércio com os bárbaros, ainda que seja com perda de nossa parte;

4º) Procurar com dádivas e admoestações fazer pazes com os índios inimigos;

5º) Favorecer por todos os meios possíveis os matrimônios entre índios e brancos e mulatos."

A Assembleia Constituinte não incorporou esses princípios ao texto da Constituição de 1824, recomendando, em vez disso, "o cuidado de criar estabelecimentos para a catequização e a civilização dos índios", que só constou do "Ato Adicional à Constituição do Império", promulgado durante a Regência. Somente em 1831 são revogadas as leis de 1808-1809 anteriormente citadas.

Em 1843, o governo autoriza a vinda de padres capuchinhos para arregimentar e oferecer educação cívica e religiosa aos índios, bem como instruí-los em artes e ofícios. Sem experiência alguma no trato da questão indígena, e pouco numerosos, os capuchinhos pouco puderam fazer. Um decreto exarado em 1845 cria um diretor-geral de índios em cada província e um diretor de aldeia, cujas funções precípuas são controlar as relações entre índios e brancos, no que se refere a regime de trabalho e à defesa das reservas indígenas. Como vimos nos capítulos precedentes, semelhantes objetivos protecionistas jamais foram cumpridos.

Nessa época, é promulgada a lei de terras (nº 601 de 18 de dezembro de 1850). Por esse dispositivo legal, o território do Brasil era dividido em *terras públicas*, de domínio do Estado, e *terras particulares*. Aí se inseriam as terras concedidas aos grupos indígenas, contanto que, como as demais terras particulares, fossem "... provenientes de um título legítimo de propriedade ou de uma simples posse legalizada", como registra Rodrigo Otávio em *Os selvagens perante o direito*. Por seu despreparo e ignorância da lei, os próprios índios jamais poderiam fazer a legalização cartorial de seus territórios, cuja usurpação era uma constante desde a descoberta do Brasil. Apenas no artigo 1º da lei de 1850, referente a *terras de volutas*, afirmava-se o direito do índio ao território de suas aldeias, tampouco assegurado.

A ideologia prevalecente em relação à questão indígena, no século XIX, é claramente explicitada na obra de Francisco Adolpho de Varnhagen, como se pode ver nos parágrafos transcritos a seguir:

"Longe de condenarmos o emprego da força para civilizar os índios é forçoso convir que não havia algum outro meio para isso. Nós mesmos, hoje em dia, havemos de recorrer a ele, quer em benefício do país, que necessita de braços, quer para desafrontar a dignidade humana, envergo-

nhada de tanta degradação, quer finalmente a benefício desses mesmos infelizes que, ainda quando reduzidos à condição dos africanos escravos na nossa sociedade, lograriam uma vida mais tranquila e segura, à que lhes proporciona a medonha e perigosa liberdade de seus bosques.
Empregue-se a guerra, se tanto for mister, para conseguirmos estes fins. Em geral a guerra tem sido um grande meio civilizador entre os homens. Exemplo recente temos na Argélia submetida ao domínio civilizador da cristianíssima França."

Como se vê, é um pensamento racista e classista, próprio da época em que foi escrito, mas que infelizmente perdura, na teoria e na prática, até nossos dias, nos círculos de poder que ambicionam apossar-se das terras indígenas e de sua força de trabalho.

Poucas vozes se levantaram, durante a segunda metade do século XIX, contra os ultrajes dos quais o índio era vítima. Uma delas foi o do presidente da província do Amazonas, José Furtado, que em 1858 denuncia a condenação "... de uma raça inteira à destruição ou à escravização em benefício de outra" e "em proveito de ignóbil cobiça".

A legislação republicana com relação ao índio é marcada pela tomada de consciência da questão indígena através da experiência pessoal de Rondon e sua posterior pregação em favor do índio.

Instituído pelo Decreto nº 8.072, de 20 de julho de 1910, o Serviço de Proteção ao Índio e Localização de Trabalhadores Nacionais obedecia a seis princípios básicos, assim explicitados por Darcy Ribeiro:

"1º) O respeito às tribos indígenas como povos que tinham o direito de ser eles próprios, de professar suas crenças, de viver segundo o único modo que sabiam fazê-lo: aquele que aprenderam de seus antepassados e que só lentamente podia mudar;
2º) A proteção do índio em seu próprio território;
3º) A proibição de desmembramento da família indígena;
4º) A plena garantia possessória, de caráter coletivo e inalienável, das terras que ocupam, como condição básica de sua tranquilidade e desenvolvimento;
5º) A garantia a cada índio, tomado em particular, de todos os direitos do cidadão comum, levando em conta, na atribuição dos deveres, o estágio social em que se encontra;
6º) A segurança aos índios da proteção direta do estado.".

Como se vê, ficava instituído em lei o princípio da relatividade das culturas, de que umas não são superiores a outras e de que as populações indígenas não podiam ser matéria bruta para a catequização, nem podiam ser objeto de espoliação, como ocorrera durante quatro séculos. Num tempo em que, como vimos, imensas áreas eram abertas à intensa exploração econômica, esses princípios eram ao mesmo tempo avançados e imperativos. Considere-se, também, que somente em nossos dias se incorporou à problemática política a questão da autodeterminação dos povos. E a aceitação do exercício de identidade própria às minorias étnicas. Ainda assim, velada ou abertamente, prevalece a vontade dos mais fortes sobre os mais fracos. É o que ainda ocorre no recôndito das matas, onde pequenas tribos lutam para não serem engolfadas pela sociedade envolvente, só encontrando formas precárias de acomodação.

Em 1967 é extinto o Serviço de Proteção ao Índio e instituída (Lei nº 5.371) a Fundação Nacional do Índio, nova designação para um órgão que não logrou cumprir os objetivos para os quais foi criado e, desacreditado pela opinião pública, recebeu novo rótulo. O que caracteriza a administração atual da Funai é ser toda a sua cúpula constituída de oficiais das Forças Armadas. O artigo 198 da Constituição da "República, que assegura a posse inalienável da terra pelas comunidades indígenas, é constantemente transgredido. A demarcação das terras indígenas, prevista no art. 19 do Estatuto do Índio (Lei nº 6.001 de 19/12/1973), só em poucos casos foi efetivada. Por tudo isso, não obstante a nova dimensão ganha pela questão indígena,

> **"(...) a política básica em relação ao índio, que tem suas origens no período colonial, permanece sem modificações essenciais, até o presente",**

afirma C. A. Moreira Neto.

Nos últimos anos, antropólogos, indigenistas, missionários, médicos, advogados, organizações nacionais e internacionais vêm alertando a opinião pública mundial para a penosa situação em que se encontram os povos do "quarto mundo". No Brasil, tem representado um papel sobressalente, em defesa dos índios, a nova Igreja, com sua política de "evangelização libertadora", representada pelo Conselho Indigenista Missionário (Cimi).

Instituições civis, como as comissões pró-índio, dedicadas à denúncia e à tomada de consciência da questão indígena, e a Associação Brasileira de Antropologia, vêm exigindo do órgão oficial de tutela, a Fundação Nacional do Índio, o cumprimento das suas finalidades de defesa e assistência aos índios. A essas instituições juntou-se, em 1980, a União das Nações Indígenas (Unind), ainda não reconhecida pela Funai, constituída por líderes indígenas de diversas tribos que, pela primeira vez na história do Brasil, tomam em suas mãos a defesa de sua causa.

Nossa herança indígena

O que devemos aos índios

O português que veio ao Brasil era um homem desvinculado de suas raízes. Deixara na aldeia europeia seus campos de cultura e seus rebanhos, a família e a comunidade, cujo consenso lhe pautava a vida. Nenhuma lealdade o ligava à nova terra. Vivia como um estranho junto a um povo com que não se identificava e diante do qual não se sentia moralmente obrigado, senão quando compelido por uma força externa, como a Igreja ou o Estado. A distância cultural que separava o colonizador do habitante nativo era imensa. No Brasil não encontrou nenhum dos frutos que conhecia, nenhum animal doméstico a que estava habituado. As técnicas de cultivo da terra a que estava afeito não se aplicavam à floresta tropical.

A superioridade numérica do índio em relação aos minguados contingentes que vinham nas caravelas era avassaladora. Assim, apesar de toda a sua potência guerreira e técnica, os colonialistas tiveram de aprender com eles a viver nos trópicos, a cultivar seus frutos, a comer suas raízes e paulatinamente a criar nichos que começaram a atuar sobre os índios em torno. A esse processo se chamou a tupinização do português no Brasil, por ser a etnia Tupi a prevalecente no litoral, à época da descoberta.

Meio século depois, já se tinham formado na costa alguns núcleos de população que representavam uma primeira combinação, ainda que desordenada, de uma cultura europeia com uma cultura tribal. Na concepção de Darcy Ribeiro, seriam a "protocélula da etnia brasileira", que conformariam o que se chama hoje "a cultura rústica brasileira".

As aldeolas da costa, que serviam de feitorias para dirigir o comércio do pau-brasil, tiravam sua subsistência por métodos antes desconhecidos ao europeu, falavam uma língua indígena, o Tupi, e viam o mundo com olhos diversos. Estes núcleos que se uniriam primeiro pelo mar, como se fossem ilhas, depois por terra, é que viriam a constituir o Brasil. Já continham os traços essenciais que caracterizariam o perfil do povo brasileiro: não eram europeus e não eram índios. Aquelas protocélulas tinham a solução de sobrevivência do europeu no trópico: produziam um produto de exportação, o pau-de-tinta, que lhes garantiria as mercadorias europeias de que necessitavam e da própria terra retiravam as fontes de subsistência.

Já nessa fase, o índio era compelido, cada vez mais, a servir como mão de obra escrava à sociedade de cujos ideais não participava. Até que se tornou obstáculo, porque reteve terras que eram cobiçadas, porque sua hostilidade punha em perigo a vida do invasor e porque a necessidade crescente do escravo e do guerreiro levava o colono a um despotismo cada vez mais exacerbado. A inadaptação do índio ao regime de vida e de trabalho do engenho canavieiro obrigou ao afluxo do escravo negro, dando nova dimensão às "protocélulas" iniciais. Segundo Darcy Ribeiro,

> **"Os conformadores fundamentais destes núcleos foram a escravidão, como forma de contingenciamento da mão de obra e o sistema de fazendas, em que cada novo núcleo foi estruturado."**

A história do Brasil será daí por diante a aventura desses núcleos pioneiros da Bahia, de Pernambuco, do Rio de Janeiro e de São Paulo em sua luta para não indianizar-se, ao mesmo tempo em que se armavam de preconceitos contra os índios.

Dentre os muitos legados indígenas à sociedade que foi constituída em seu território, o mais importante foi, sem dúvida, o do seu sangue e genes. Desde a primeira hora, a mulher indígena foi o ventre em que se gerou a população que ocuparia o imenso território conquistado. Diogo Álvares, ou Caramuru, na Bahia, João Ramalho, em São Vicente, mais tarde, Jerônimo de Albuquerque, ele próprio um "meio-sangue", em Pernambuco, passaram à história como alguns dos muitos exemplos de uniões poligâmicas de que resultaram os primeiros mamelucos, filhos de pais portugueses e índias. Mamelucos esses que, embora falando a língua materna, alimentando-se da mesma forma que seus antepassados aborígenes, identificavam-se ideologicamente com o pai.

As expedições de caça ao índio e de procura do ouro, empreendidas pelos paulistas, eram compostas, em sua maioria, por mamelucos e índios recrutados nas aldeias missionárias. Durante muito tempo, paulista foi sinônimo de mameluco. Mamelucos foram os mais notáveis bandeirantes, como Domingos Jorge Velho, destruidor de Palmares que, para parlamentar com o bispo de Pernambuco, em 1697, precisou levar intérprete. Sérgio Buarque de Holanda, a quem devemos essa informação, menciona alcunhas de paulistas ilustres de origem Tupi, sustentando que

> **"Sinal, talvez, de que ainda em pleno Setecentos persistia, ao menos em determinadas camadas do povo, o uso da chamada língua da terra."**

Até o século XVIII, segundo o mesmo autor, nas capitanias onde atuaram os jesuítas (São Paulo, Rio Grande do Sul, Pará, Amazonas), a língua da terra predominava sobre o português, principalmente no âmbito familiar, na proporção de três falantes para um. Em São Paulo, os velhos ainda se expressavam em língua geral no começo do século XIX, como notou Hércules Florence, e no rio Negro isso ocorre até hoje.

Mais tarde, a composição da população se modificou. Chegaram mulheres brancas, acirrando o preconceito contra a nativa. As uniões regulares, antes incentivadas pela legislação colonial, foram sendo desmerecidas, estancando a entrada de genes indígenas. Já então o português podia prescindir do índio porque tirara dele o fundamental: a fórmula de sobreviver nos trópicos, a aprendizagem de seu método de plantio e as próprias plantas que cultivava, bem como a forma de prepará-las e consumi-las. Também obtivera dele a força de trabalho como escravo, substituído pelo negro nos empreendimentos mais lucrativos; sua combatividade de guerreiro para defendê-lo contra grupos hostis e o invasor estrangeiro; os seus conhecimentos da terra, como guia e como geógrafo. E da mulher indígena, a sensualidade, a servilidade e a fecundidade.

Em razão da ampla extensão territorial em que se implantou a tradição cultural Tupi-guarani – que aproximadamente corresponde ao traçado do mapa do Brasil – foi possível imprimir um perfil uniforme à sociedade brasileira.

De então até nossos dias, esse, lastro aborígene da cultura brasileira, sobretudo de base Tupi-guarani, conserva-se em grande parte no Brasil interiorano. Isso pode ser observado pela facilidade com que o sertanejo nordestino, o caiçara paulista, ou, mais propriamente, o caboclo amazônico encontram elementos culturais que lhes são familiares num contexto tribal. Para todos, a base da alimentação é a farinha de mandioca, cultivada e preparada pelos mesmos processos. Na casa indígena encontram vários utensílios domésticos que lhes são familiares, chamados pelos mesmos nomes: o tipiti para espremer o sumo da mandioca brava, o pilão, o ralador, a peneira, os balaios, os abanos, as esteiras trançadas de palha; os jacás, samburás, jamaxis, aturás, para trazer peixe, castanha ou produtos da roça. Reconhecem inúmeros implementos de pesca: o pari, que é a barragem para fechar o igarapé e atrapar o peixe; o juquiá ou covo, que é a armadilha crônica; cacuri, curral para peixe, tracajá ou tartaruga; o puçá, a tarrafa e o jererê, espécies de redes; a pesca com linha e anzol (hoje de aço, antes com fisga de osso) e pelo envenenamento dos peixes com certas folhas saponáceas, como o timbó. Do mesmo modo, são familiares ao caboclo e ao sertanejo certos tipos de embarcação como a ubá escavada em tronco de árvore a fogo; instrumentos de música, como o berimbau; armadilhas de caça, como o mundéu ou o alçapão para quadrúpedes e a arapuca para a caça de passarinhos; utensílios de mesa e de cozinha, como o porongo, a cuia, a gamela, o pote e a panela de barro. E, ainda, inúmeros pratos e quitutes como o mingau, o beiju, o chibé (farinha de mandioca misturada com água e às vezes temperada com fruta), a papa, a tapioca, a paçoca de peixe ou de carne com farinha, carne ou peixe assados no moquém, a muqueca, a quinhapira (molho de carne ou peixe com pimenta-da-terra), a mujeca (pirão de caldo de peixe com farinha), a saúva ou içá moqueada, o tucupi (molho do sumo da mandioca-brava cozido), a bebida de guaraná, no Norte, a de erva-mate, no Sul, o caxiri, "vinho" de mandioca fermentada e de frutas e tantos outros.

Uns e outros utilizam os mesmos produtos da indústria extrativa, como o breu, a almecega, a imburana e outras gomas; plantas tintoriais, como o pau-brasil, o jenipapo, o urucum; diversas fibras têxteis, entre as quais o caroá, o caraguatá, o tucum, o algodão; materiais de construção, como o sapé, o cipó, as folhas e os troncos de palmeiras; e um sem-número de ervas medicinais para pajelança e "mezinhas".

Além desses elementos, o caboclo identificará vários outros, como a rede de dormir, os bancos, o fumo. Verificará que são comuns a índios e caboclos certos hábitos, como o de tomar banho diário de rio, andar descalço, descansar de cócoras. Chamará pelos mesmos nomes várias plantas, animais, acidentes geográficos e topônimos; temerá os mesmos duendes, utilizando fórmulas comuns para controlar aqueles seres sobrenaturais. Desse modo, índios e interioranos encontram formas de entendimento que vêm do início de nossa formação.

O peso da herança indígena pode ser aquilatado no retrato que faz José Veríssimo dos modos de vida e do sistema adaptativo do caboclo amazônico:

> "A casa em que vive aquela gente é pouco mais que a palhoça do antigo bárbaro. Fincam no solo alguns esteios brutos (sem falquejo); os dois da frente ou do meio mais altos de modo a que o teto fique inclinado; apoiam sobre estes esteios algumas varas e sobre estas vão estendendo folhas de palmeiras atadas com cipós. Em regra, tais cabanas só têm duas portas, a da frente e a do fundo. Cercam o exíguo recinto com tapumes de *jissaras* partidas, cobertas às vezes de barro. Quase sempre há uma única divisão: a que serve de dormitório para o chefe da família. O mais é aberto, tendo no centro a lareira, onde nunca se deixa apagar o fogo. Por cima, chegado ao teto, está o jirau, como nas tendas do índio é a despensa da família. No interior destas cabanas, um ou outro móvel se encontrará mais que aqueles mesmos de que usava o antigo selvagem: balaios, esteira de piri, cuias, vasos de argila, redes ou macas de cipó etc. – tudo refletindo muito mal disfarçada a vida do aborígine. Nessas palhoças, o modo de viver, as relações de família, a economia, o regime doméstico – tudo pouco difere do que se observava na taba do selvagem. O homem come de cócoras como o índio ainda comia; cura-se dos males que o assaltam pelos mesmos primitivos processos; anda sempre descalço; quando viaja com a família, vai sempre adiante; caça, pesca como pescava e caçava o silvícola há quatrocentos anos, tendo demais apenas os petrechos e artifícios que a conquista introduziu; as embarcações de que se serve, nos rios e nas baías; o modo de preparar o roçado e de fazer o plantio; o fabrico de farinha, a *moqueação* de peixe, etc. – tudo acusa de modo flagrante que no homem simples do *sítio*,

mais ou menos isolado da civilização, subsiste mais ou menos fielmente o que havia de mais ponderoso nas raças nativas."

Do indígena aproveitou a colonização europeia a técnica de coivara (clarear os campos a fogo), que até hoje não foi substituída por processos mais modernos, constituindo-se numa prática sumamente nociva à economia agrícola. Enquanto o indígena utilizava essa técnica para limpar um pequeno trato de terra, extinguindo, pelo fogo, as pragas, os insetos daninhos e a vegetação rasteira, que à falta de enxada e outros instrumentos de ferro não poderia extirpar, o latifundiário aplica a mesma técnica para fazer extensas plantações agrícolas ou pecuárias. As grandes queimadas inutilizam madeiras preciosas e a terra desprotegida de vegetação é lavada por chuvas e enxurradas, carreando todo o húmus vegetal para o fundo dos rios e lagos. Na Amazônia, as consequências desse desmatamento são muito mais graves. O solo fica exposto à forte insolação e ao peso das chuvas. A superfície endurece, anulando sua permeabilidade. Destrói-se toda matéria orgânica, deslizando os minerais solúveis para as camadas mais profundas da terra, onde não penetram as raízes.

A queima em pequena escala praticada pelo indígena e o apodrecimento de galhos e troncos, deixados sem queimar, devolvem ao solo nutrientes necessários para alimentar os brotos. O revolvimento da terra com arado e trator a danifica irremediavelmente, ao contrário do que ocorre quando o índio usa simplesmente uma estaca de cavar para a semeadura. O cultivo de espécies diversas favorece a recaptura parcial dos nutrientes e evita a propagação de pragas, como acontece nas plantações monocultoras.

Examinados todos os fatores que presidem a adaptação do índio ao ecossistema da Amazônia, a arqueóloga Betty Meggers, numa passagem de seu livro *Amazônia, a ilusão de um paraíso*, afirma:

"O ponto a ser acentuado aqui é que a agricultura itinerante não constitui um método de cultivo primitivo e incipiente, tratando-se, ao contrário, de uma técnica especializada que se desenvolveu em resposta às condições específicas de clima e solo tropicais.".

Como se vê, desconhecendo embora o uso de instrumentos de ferro, as técnicas agrícolas indígenas eram bastante eficientes e perfeitamente ajustadas às condições de seu meio ambiente. Baseavam-se, como ainda hoje, num saber milenar – o conhecimento objetivo da natureza e suas leis – advindo da observação e da experimentação.

Principais contribuições indígenas à cultura brasileira e universal

Muito pouco se tem dito e quase nenhuma importância se tem atribuído à contribuição indígena pré-colombiana à cultura universal. Entretanto, foram elementos de origem americana adquiridos pelos europeus depois da descoberta, que revolucionaram a economia ocidental, gerando o acelerado desenvolvimento que experimentou depois de 1500. Os mais destacados foram certas plantas, como a batata (que deveria chamar-se americana no lugar de inglesa), o milho e a mandioca, rapidamente assimiladas em todos os quadrantes do globo e que vieram enriquecer substancialmente, em aminoácidos, as carências alimentícias da população mundial.

Representam, igualmente, destacado papel na economia mundial, outras plantas importadas da América, como o cacau, o tomate; plantas estimulantes e medicinais, como o tabaco, a quinina, a ipecacuaia, a baunilha, o mate; plantas industriais, como a borracha, o algodão (já conhecido na Europa e no Oriente); frutas, como o abacaxi, o caju, o abacate, o mamão; animais domesticados, como o peru, originário do México, e regionalmente, o lhama, a alpaca, o porquinho-da-índia, do planalto andino.

Atestando o alto grau de maturidade das culturas centro-americanas, desenvolveram-se aqui, tal como no Velho Mundo, antes da chegada de Colombo, as técnicas de irrigação e fertilização do solo, a metalurgia do ouro, da prata e do cobre, a fabricação de papel, chamado *tapa* no México. E também certas conquistas científicas, como o calendário maia de 365 dias, correspondente ao ano solar, mais exato que o gregoriano da atualidade. Os maias inventaram uma escrita hieroglífica, um sistema numérico de base vigesimal, utilizando a noção de zero como valor relativo, pelo menos mil anos antes do sistema decimal inventado pelos industões que o passaram à Arábia. No campo da arquitetura e da arte foram igualmente extraordinários os progressos alcançados pelas altas culturas da América.

Plantas alimentícias cultivadas pelos índios e desconhecidas dos europeus

Neste terreno, a contribuição do indígena foi a mais relevante. Vejamos a relação das plantas mais importantes, integradas à dieta alimentar de todo o mundo:

1) Mandioca (*Manihot esculenta*) e Macaxeira ou Aipim (*Manihot dulcis*). Já nos referimos diversas vezes a essa planta, mas não será supérfluo repetir suas qualidades e a variedade de subprodutos que dela se extraem. Logo no início da colonização, ela se impôs como o pão da terra. Sua importância na hierarquia das plantas alimentícias americanas só cede lugar à batata e ao milho. A mandioca está hoje difundida por toda a zona tropical da África, da Ásia e da América, de onde é nativa, tendo sido domesticada provavelmente no Brasil. A tapioca é o produto industrializado. Dá-se bem em uma variedade de solos e resiste melhor que outras plantas a pragas e insetos.
Os índios desenvolveram inúmeros cultivares de mandioca venenosa (*Manihot esculenta*) usados para o fabrico de farinha, cauim (bebida fermentada) e beijus. Essas variedades se distinguem segundo o tamanho do caule e das folhas, o tamanho e a cor dos tubérculos. Os índios do alto rio Negro distinguem, segundo essas características, cem cultivares de mandioca-brava.
2) O milho (*Zea mays*), chamado o rei dos cereais, também foi domesticado na América. Nossos índios cultivam inúmeras variedades de milho (preto, amarelo, amarelo e preto, vermelho) que consomem cozido, assado, em forma de mingau, farinha, bebida fermentada e outras. Suas espigas alcançam 40 cm de comprimento.
3) Batata-doce (*Ipomoea batatas*). Os índios Asurini conhecem vinte variedades desse tubérculo, consumido cozido, assado ou em forma de mingau. A batata-doce é também encontrada na Oceania e sua verdadeira origem foi motivo de inúmeras controvérsias. Gabriel Soares de Souza, que dos cronistas seiscentistas é quem melhor descreve as plantas úteis do Brasil, assinala oito variedades distintas pela cor e paladar, realçando que "as batatas são naturais da terra e se dão nela de maneira que onde se plantam uma vez nunca mais se desinçam, as quais tomam a nascer das pontas das raízes que ficam na terra, quando se colheu a novidade delas".
4) Cará (*Dioscorea sp.*). É relacionado por Gabriel Soares de Souza como outra importante planta nativa. Diz o mencionado cronista, em sua afamada obra de 1587: "Dão-se na Bahia outras raízes maiores que batatas, a que os índios chamam carazes, que se plantam na mesma maneira que as batatas e como nascem, põem-lhe ao pé uns paus, por onde trepam os ramos que lançam como hera. Os mais deles são brancos, outros roxos, outros brancos por dentro e roxos por fora junto à casca, que são os melhores; outros são negros como pós; uns e outros se curam no fumo e duram de um ano para o outro.".
5) Favas (*Phaseolus sp.*). "Dão-se nesta terra infinidade de feijões naturais, dela, uns são brancos, outros pretos, outros pintados de branco e preto", diz Gabriel Soares de Souza. Os índios Kayabi cultivam oito variedades.

6) Amendoim (*Arachis Hypogaea*). Essa leguminosa é originária do Brasil meridional, onde é encontrada em estado selvagem. Segundo Gabriel Soares de Souza, entre os Tupinambá só as mulheres podiam cultivá-la e colhê-la e ao fim da colheita se fazia uma grande festa. A cultura do amendoim está hoje difundida em todo o mundo, dele se extrai excelente azeite.
7) Abóbora. Das abóboras, o jerimum (*Curcubita moschata*) do Norte do Brasil é nativo. As outras variedades aqui cultivadas foram trazidas da África para onde foi também levada a primeira. Essa planta também não escapou à arguta observação de Gabriel Soares de Souza. "Chamam os índios gerumus" – assinala ele – "as abóboras da quaresma, que são naturais desta terra, das quais há dez ou doze castas, cada uma de sua feição; e plantam-nas duas vezes ao ano em terra úmida e solta (...) Costuma o gentio cozer e assar estas abóboras inteiras por não lhe entrar água dentro, e depois de cozidas as cortam como melões e lhes deitam as pevides fora e são assim mais saborosas que cozidas em talhadas, e curam no fumo para durarem todo o ano.".
8) Pimenta (*Capsium annum*). "A pimenta-da-terra" – diz Hans Staden – "é de duas qualidades, uma amarela, outra vermelha. Enquanto verdes assemelham-se aos frutos de uma roseira. Quando maduras as pimentas são colhidas e deixadas a secar ao sol. Existem outras espécies diferentes que aproveitam do mesmo modo. Quando os índios cozinham peixe ou carne, põem dentro, habitualmente, pimenta-verde. Logo que está um tanto cozida, retiram-na do caldo e fazem dela uma papa fina que se chama mingau."

Nos primeiros anos após a descoberta, portugueses, franceses e espanhóis faziam grandes carregamentos de pimenta que se tornara importante produto de exportação das colônias.

FRUTAS

1) Abacaxi – Ananás (*Ananas sativus*). Esta fruta, desconhecida dos europeus, encantou a todos os cronistas pelo seu aroma e sabor e porque dava o ano todo. Os índios a utilizavam também como adstringente para curar feridas. Dela faziam, ainda, uma bebida fermentada.
2) Caju (*Anacardium occidentale*). O caju é outra fruta originária do Brasil, cultivada pelos índios em grande quantidade e também encontrada silvestre em certas regiões. A árvore produz frutos em dois anos. Do caju fazem o melhor cauim e na época de seu amadurecimento, algumas tribos realizam suas mais

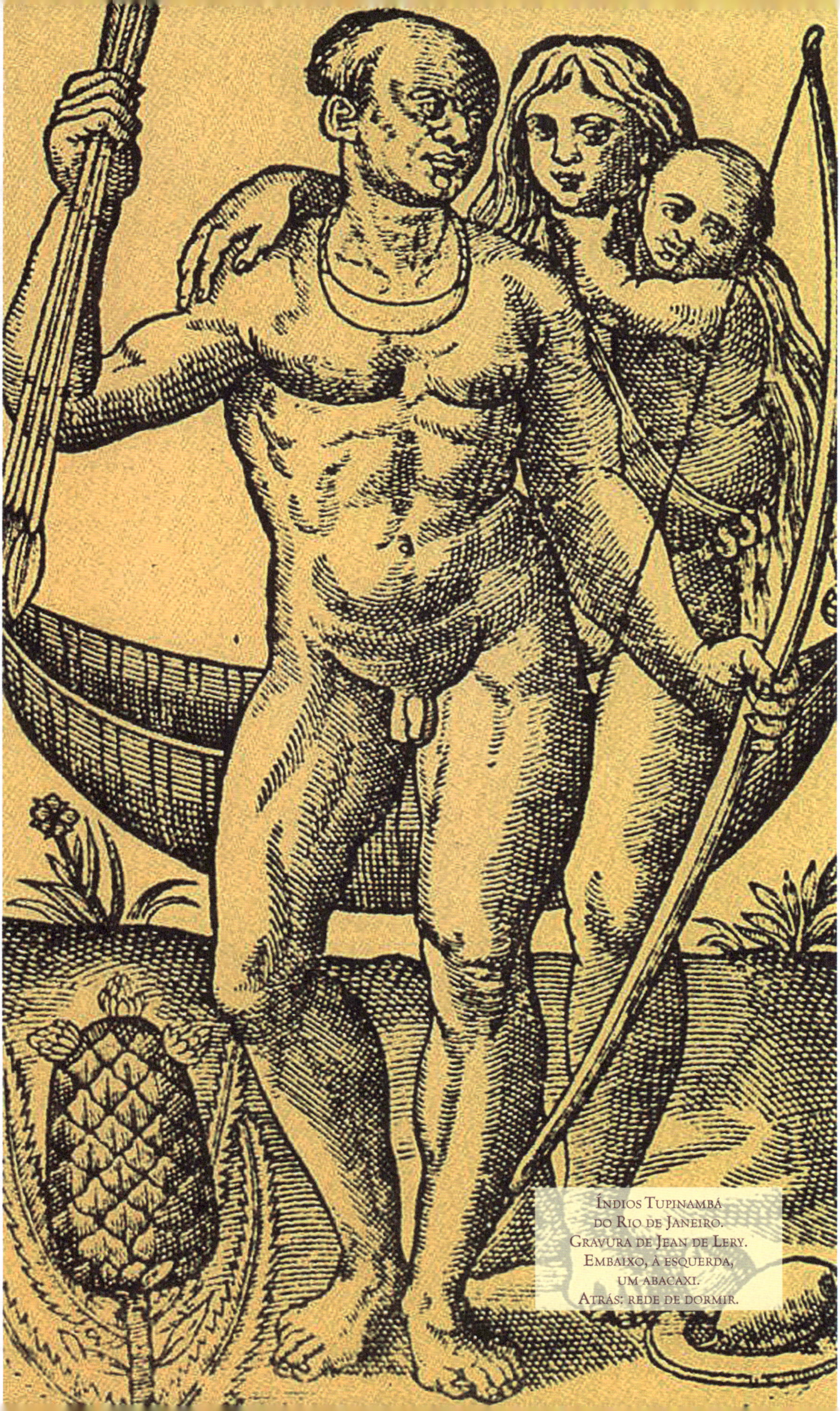

Índios Tupinambá
do Rio de Janeiro.
Gravura de Jean de Lery.
Embaixo, à esquerda,
um abacaxi.
Atrás: rede de dormir.

Caju.
Detalhe de um quadro de
Albert Eckhout, 1654.

importantes cerimônias. O caju foi logo apreciado pelos colonizadores por seu fino paladar e propriedades alimentícias, tanto do fruto como da castanha, de que faziam variados quitutes. A castanha do caju, com grande teor vitamínico e oleaginoso, é mais saborosa que as amêndoas europeias e vem recebendo grande aceitação no mercado mundial.

3) Mamão (*Carica papaya*). O mamoeiro é nativo da América e se difundiu por todo o território da floresta tropical, tendo seu centro na região andina. Os índios usam a folha do mamoeiro para envolver a carne de caça e torná-la mais macia. Da mesma família é o jacaratiá, importante produto de coleta entre vários grupos indígenas.

4) Bananas (*Musa paradisiaca*, *M. sapientum*). Aqui é preciso distinguir as pacobeiras das bananeiras, estas últimas introduzidas de fora. Gabriel Soares de Souza nos deixou uma descrição muito viva da pacoba (banana-da-terra): "Pacoba é uma fruta natural desta terra, a qual se dá em uma árvore mole e fácil de cortar... Cada árvore destas não dá mais que um só cacho. E como se corta essa pacobeira, tiram-lhe o cacho que tem fruto verde e muito teso e dependuram-no em parte onde amadureça. Cada pacoba destas tem um palmo de comprido e a grossura de um pepino, às quais tiram as cascas que são da grossura das favas. Dão-se estas pacobas assadas aos doentes...". Trata-se sem dúvida da banana-da-terra, cujo nome revela sua origem local. Os índios cultivavam também antes da descoberta a banana-ouro, segundo se depreende do depoimento do mesmo autor: "Há outra casta que os índios chamam pacoba mirim que quer dizer pacoba pequena,

que são do comprimento de um dedo, mas mais grossas; estas são tão doces como tâmaras, em tudo mais excelentes.".

Às variedades introduzidas pelos colonos chamavam os cronistas, bananas e, às nativas, pacobas, segundo a nomenclatura indígena. De São Tomé foi introduzida a banana que conserva este nome.

5) Maracujá (*Passiflora sp.*). Depoimentos de Gabriel Soares de Souza e de Vicente do Salvador (século XVI) indicam que o maracujá, em múltiplas variedades, era cultivado na Bahia. "Maracujá é outra planta que trepa pelos matos, e também a cultivam e põem em latadas nos pátios e quintais; dá fruto de quatro ou cinco sortes, uns maiores outros menores, uns amarelos, outros roxos, todos mui cheirosos e gostosos e o que mais se pode notar é a flor...".

Essa descrição é de Vicente do Salvador. Entre as variedades deve ser mencionado o maracujá-melão (*Passiflora macrocarpa*), que pesa até 2,5 quilos, sendo o mais comum o *P. edulis*. Os índios chamam essa fruta "comida em cuia" devido à consistência da casca. É das mais perfumadas e frescas que possuímos.

Plantas estimulantes, medicinais e industriais cultivadas pelos indígenas

No resumo que se segue, mencionamos as plantas industriais, medicinais e estimulantes cultivadas pelos índios americanos, em particular os brasileiros, que foram incorporadas à cultura universal, para realçar a inestimável contribuição indígena ao progresso da humanidade. Uma lista completa conteria mais de uma centena de itens. Ao leitor interessado, recomendamos a bibliografia citada no fim do livro.

1) Tabaco (*Nicotina tabacum*). Planta de origem e domesticação americana, estava difundida por quase toda a América na época da descoberta e era usada principalmente para efeitos mágicos, como terapêutica medicinal e como estimulante. Introduzida na Europa no século XVI, foi rapidamente aceita em suas várias formas: como cigarro, charuto, cachimbo, rapé para cheirar e fumo para mascar. Curioso é o fato de que tenha atingido o extremo norte da América só no século XVII, já por influência dos europeus.

2) Algodão (*Gossypium sp.*). Os indígenas americanos cultivavam o algodão (duas espécies: *G. barbadense* e *G. hirsutum*) antes da chegada de Colombo. Não obstante já ser conhecido de longa data na Europa e no Oriente, o algodão americano substituiu, com vantagens, as variedades do Velho Mundo.

Mandioca, raízes e folhas.
Detalhe de um quadro de
Albert Eckhout, 1654.

Alguns autores localizam seu hábitat original no vale do rio Cauca, outros admitem o desenvolvimento da variedade brasiliense na floresta úmida do nosso país.

3) Caroá (*Neoglaziovia variegata*). Espécie de bromeliácea plantada, segundo observamos, pelas tribos de língua Karib do alto Xingu, pelos Araweté (Tupi), utilizada para fazer fio, corda de arco, bolsa de carregar e de apanhar peixe em pequenos riachos.

4) Erva-mate (*Ilex paraguariensis*). Tudo indica que esta planta tenha sido desenvolvida pelos índios Guarani, que a utilizam fresca, para fins medicinais, e seca, para fazer chá e chimarrão, difundindo-se no Sul do Brasil, em toda a região platina, na Bolívia e no Peru. Atualmente o chá-mate está penetrando nos mercados mundiais, como sucedâneo do chá-preto e do café.

5) Guaraná (*Paullinia cupana*). O guaraná era pouco difundido na América. As fontes mais antigas registram sua presença entre os índios Mawé e Andirá, do Tapajós (os últimos extintos no século XVII), entre algumas tribos do rio Negro e da Venezuela. A partir de meados do século XIX, os Mawé constituíram, praticamente, um monopólio desse produto e o comerciavam largamente. O guaraná é um arbusto sarmentoso, de cujas sementes trituradas a pilão, misturadas à água, cacau e mandioca (facultativamente os dois últimos) preparam-se os bastões. A bebida, de gosto amargo, é obtida raspando-se o bastão e adicionando-se água. É um estimulante notável, contendo pequeno teor de cafeína. Hoje seu plantio está difundido por várias regiões e seu uso, generalizado.

Outras plantas cultivadas pelos índios e que foram adotadas pelos civilizados são o urucum (*Bixa orellana*), usado como condimento na culinária e como pintura de corpo pelos índios; várias fibras extraídas de folhas de palmeiras, como do tucum (*Astrocaryum sp.*), dão excelente fio para cordas e redes de dormir; as fibras da piaçaba (*Leopoldinia piassaba*) são empregadas para múltiplos fins, do mesmo modo que as da palmeira carnaúba (*Copernicia cerifera*) e buriti (*Mauritia sp.*) Essas espécies são mais importantes para as populações aborígenes e civilizadas da Amazônia, ao passo que os índios do Chaco e do Sul do Brasil utilizam, de preferência, fibras extraídas de bromeliáceas, como o caraguatá e o gravatá (*Bromelia fastuosa* e *B. serra*). Plantadas eram também cabaças (*Lagenaria vulgaris*) para carregar água, cuias (*Crescentia cujete*), também utilizadas como vasilhames de variados fins: taquaras para flechas (*Gymnerium sacharoides*, *Guadua sp*), contas para colares e inúmeras outras plantas cultivadas nas roças ou junto das casas.

PRINCIPAIS PRODUTOS DE COLETA

Inúmeras espécies vegetais, objeto de coleta por parte dos índios, foram depois adotadas pelos colonizadores, passando a ser cultivadas, algumas em larga escala, desempenhando hoje relevante papel na economia mundial.

Borracha (*Hevea brasiliensis*). Conhecida pelos índios que a utilizavam para fazer bolas, seringas e impermeabilizar objetos, a borracha só foi realmente "descoberta" pela civilização ocidental na segunda metade do século XIX. Nessa época, a Amazônia era a única região produtora em todo o mundo e imensas fortunas se produziram da noite para o dia, embora o *rush* da borracha tenha ceifado, pelas febres e avitaminoses e pela brutalidade da penetração, milhares de vidas de índios e sertanejos. Em 1876, foi iniciado o plantio da *Hevea brasiliensis* nas Índias Holandesas, iniciando-se a quebra do monopólio detido por nosso país durante quase meio século.

Outra planta da maior importância é o cacau (*Theobroma cacao*), do qual se extrai o chocolate. Era cultivado no Hemisfério Norte nas terras temperadas da costa do Pacífico, antes de Colombo. Na costa atlântica, tinha também ampla distribuição, mas seu cultivo era menos generalizado e de menos importância. No Brasil, era objeto de coleta.

Dignas de menção, são, ainda, as seguintes: maracujá (*Passiflora sp.*), a que já nos referimos, utilizada tanto em estado selvagem como cultivada; guabiroba (*Myrtus mucronata*); guavira (*Campomanesia*); umbu (*Spondias tuberosa*); mangaba (*Hancornia speciosa*), importantíssima para as tribos das regiões de savana, que, nas estações em que amadurece, empreendem grandes caminhadas para coletá-la; jabuticaba (*Mouriria pusa*); piquia (*Macoubea guianensis*) e bacuri (*Platonia insignis*), também cultivados; abio (*Lucuma caimito*); maçaranduba (*Mimusops excelsa*); cupuaçu (*Theobroma grandiflorum*); jaracatiá (*Jaracatia dodecaphylla*); mucajá (*Acrocomia sclerocarpa*); bacaba (*Oenocarpus bacaba*); guajará (*Chrysophyllum excelsum*); ingá (*Inga sp.*); pitomba (*Eugenia lutescens*); pitanga (várias *Myrtaceas*); fruta-de-conde (diversas *Rollinias* e *Annonas*); araticuns (*Annona montana*); murici (*Byrsonima sericea*); cajá (*Spondias lutea*); araçá ou goiabinha (*Psidium guajava*); jenipapo (*Genipa americana*), de que os índios utilizam de preferência o sumo para a pintura do corpo e de artefatos do que o fruto maduro, que é comestível e do qual se faz excelente licor; jatobá (*Hymenaea courbaril*) e muitas outras. Todas essas frutas estão hoje integradas à dieta alimentar do povo brasileiro, sobretudo do Norte, Nordeste e do Brasil Central, que é o hábitat natural da maioria delas. Inúmeras são aproveitadas industrialmente na forma de compotas, sucos e licores. É de se esperar que, no futuro, se imponham ao mercado mundial, como dádiva da flora brasileira ao acervo universal de espécies úteis e nutritivas.

Diversas espécies de palmeiras representaram substancial fonte alimentar dos aborígenes, seja o fruto como a castanha, da qual faziam ainda azeite para comer e para iluminação; das palmas se serviam para a cobertura de casas, para trançar cestos, esteiras e outros utensílios; a madeira se prestava para diversos fins e o palmito era consumido cru, assado ou cozido.

O babaçu ou pindoba (*Orbignya speciosa*), cujas castanhas encerram quase 70% de gordura, se presta a todos os fins acima citados. Da palmeira mucaja ou bocaiuva (*Acrocomia*), bem como do buriti (*Mauritia vinifera*), é muito apreciada a parte carnosa, de grande teor vitamínico e muito nutritiva.

De outras palmeiras, como o açaí (*Euterpe oleracea*), prepara-se uma bebida chamada vinho de açaí, de grande consumo no Pará; do mesmo modo, são preparados refrescos dos frutos da palmeira bacaba (*Oenocarpus bacaba*), da anajá (*Maximiliana regia*) e de outras. Frequentemente o chibé é temperado com esses sucos.

Entre as amêndoas oleaginosas, merece especial destaque a castanha-do-pará (*Bertholletia excelsa*), cuja árvore, de porte magnífico, alcança até 50 metros de altura e 4 de diâmetro. A coleta da castanha-do-pará ocupa boa parte da população paraense, constituindo-se em importante artigo de exportação. É originária do Brasil e representa papel sobressalente na alimentação indígena.

Os pinhões (*Araucaria angustifolia*) constituíam a base alimentar dos índios Kaingang e Guarani, durante vários meses do ano, sendo até hoje muito populares na região Sul do país.

A castanha-sapucaia (*Lecythis paraensis*) e a castanha-do-maranhão (*Bombax insigne*) são também muito procuradas, embora não tenham alcançado o apreço que granjeou a castanha-do-pará no mundo todo.

Outros produtos vegetais, utilizados pelos índios, como cipós e enviras, para trançar peneiras, amarrar vigas nas casas, fazer cordas rústicas; folhas e palmas para cobertura das casas e embalagem, para trançar cestas, esteiras, fazer barragens em igarapés e múltiplos outros usos; madeiras para esteios, vigas e ripas das casas e fabricação de inúmeros instrumentos e utensílios; resinas, látex, óleos, unguentos, plantas saponáceas, plantas condimentares e oleíferas, como a baunilha (*Vanilla sp*), e uma variedade de madeiras perfumadas – enfim, toda uma amálgama de conhecimentos botânicos foi incorporada à cultura brasileira, através da herança ancestral do índio.

Dentre os venenos para caça, principalmente de macacos e aves, alcançou fama universal e emprego cirúrgico o curare. É usado pelos grupos norte-amazônicos para untar as setas de uma arma que funciona por compressão do ar: a sarabatana. Curare e sarabatana foram registrados entre nativos da Indonésia. Tudo leva a crer, porém, que se trata de invenções independentes. O curare indígena é extraído da casca de cipós (*Strichnos toxifera*). Só é letal quando entra na circulação sanguínea, paralisando os músculos do coração. A curarina, alcaloide encontrado no curare, é empregada em delicadas intervenções cirúrgicas que exigem um relaxante muscular.

Os índios utilizam as raízes exóticas do barbasco, conhecido como timbó sacaca (*Tephrosia toxicaria*), para envenenar os peixes por sufocação, que assim vêm à tona e são facilmente capturados à flecha ou mesmo à mão. Os caboclos do Norte do Brasil também costumam tinguijar peixes por esse processo. Do timbó, extrai-se a rotenona, utilizada como inseticida na medicina sanitária e na agricultura.

A farmacopeia indígena é muito rica, porém quase ignorada pela cultura ocidental. Vejamos alguns exemplos de plantas incorporadas à nossa civilização:

Ipecacuanha (*Cephaelis ipecacuanha*). Originária do Brasil, era usada pelos índios para fins medicinais, especificamente contra diarreias sanguinolentas. Dela se extrai o cloridrato de emetina. Levadas suas raízes para a Europa, difundiram-se suas propriedades, sendo empregada até hoje na farmacopeia mundial.

Jaborandi (*Pilocarpus pennatifolius*). Assinala-se sua utilização pelos índios brasileiros como sudorífico e depurativo. Só no século XIX difundiram-se suas propriedades na Europa.

Copaíba (diversas espécies do gênero *Copaifera*). Utilizada pelos Tupi-guarani para curar feridas e outras enfermidades. Só no século XVIII, generalizou-se seu uso contra afecções das vias urinárias.

Quina (do gênero *Cinchona*). Árvore originária da região andina, cuja cortiça macerada na água dava uma beberagem com a qual os índios tratavam a febre terçã. Dela se extraem vários alcaloides, sobretudo a quinina, empregada para a cura da malária.

Em anos recentes, tornaram-se célebres alguns alucinógenos cultivados ou coletados pelos índios. Os mais conhecidos são a ahuyasca ou caapi (*Banisteriopsis caapi*), o ipadu ou coca (*Erythroxylum cataractarum*).

O conhecimento da fauna também representou inestimável contribuição indígena à sobrevivência do europeu nos trópicos. Embora não encontrando em suas aldeias animais domésticos, a não ser os xerimbabos, que são animais de estimação criados desde novinhos para distrair crianças e adultos, os europeus se beneficiaram da habilidade e conhecimentos do aborígene como caçador e pescador para se suprirem de graxas e proteínas.

Esses conhecimentos foram transmitidos pelo índio à população que se formou em seu território. "Os métodos de caça e de pesca da cultura regional contemporânea da Amazônia são de origem fundamentalmente aborígene", escreve C. Wagley em *Uma comunidade amazônica*. "Embora o habitante moderno do vale cace com uma espingarda ou uma carabina de calibre 44 e pesque com um anzol de ferro ou uma rede de tipo europeu, exerce essas atividades com o conhecimento da fauna local, que lhe foi transmitido pela herança cultural indígena. Além disso, utilizam-se ainda de numerosas técnicas aborígenes e ainda persistem muitas crenças populares indígenas a respeito da caça e da pesca."

Da fauna regional utilizada pelos índios na alimentação, a tartaruga, o jabuti e o tracajá são também muito apreciados pelos caboclos e mesmo pelos habitantes das cidades amazônicas. Isto, entre os quelônios. Entre os roedores, deve ser citada a paca; entre os ruminantes, os veados; das aves, os galináceos, como o mutum e os inhambus; dos peixes, o pintado ou surubim, o dourado, o tucunaré, o pacu e o pirarucu, que é o bacalhau brasileiro. Os índios também criam abelhas para a produção de mel.

Para encerrar este capítulo, queremos transcrever o comentário do notável cientista F. C. Hoehne que acompanhou Rondom em suas inúmeras expedições e é autor da melhor obra de síntese sobre a herança indígena, legada aos brasileiros no campo da botânica.

> "Decorridos são mais de quatro séculos desde que Cristóvão Colombo e Pedro Álvares Cabral aportaram neste continente que habitamos, e, se lançamos um olhar retrospectivo sobre o que neste lapso de tempo foi realizado pela botânica e agronomia, no terreno da agricultura, e comparamos com o que os europeus aqui encontraram, ficamos surpresos diante da realidade que nestes quatro séculos e trinta e seis anos (o livro é de 1937), pouco relativamente se adicionou ao patrimônio de recursos vegetais para a alimentação do homem. As espécies selecionadas e aperfeiçoadas da flora americana, que o imigrado aqui encontrou nas roças dos aborígenes, não foram, desde então, multiplicadas especificamente e nem melhoradas substancialmente."
>
> "Se hoje a ciência tem a pretensão, e até ó dever, de ministrar ensinamentos de botânica e agricultura ao indígena, não se deve esquecer que naqueles primórdios os mestres foram estes e os alunos os advindos de além-mares. O imigrado aprendeu a botânica e a agricultura desta terra com o silvícola e ainda hoje, apesar das vicissitudes e contratempos sobrevindos a este, raramente consegue conhecer aquela melhor e praticar esta mais sabiamente do que ele o fazia naquela era."

Crenças e assombrações incorporadas ao folclore nacional

"Agora são os rios afogados que vão bebendo o caminho."

Raul Bopp,
Cobra Norato

A Amazônia, os longínquos sertões do Brasil Central, o Nordeste são ainda hoje repositórios de crenças e práticas indígenas incorporadas ao folclore nacional, na forma de tradição oral. Entre os duendes e assombrações mais correntes – que na concepção do índio como na do caboclo habitam o fundo dos rios ou o recôndito da floresta – avultam os botos, a cobra grande, os curupiras, os anhangás e vários outros.

> "A maioria das crenças não católicas do caboclo amazônico" – escreve Eduardo Galvão em *Santos e Visagens* – "deriva do ancestral ameríndio. Foram, entretanto, modificadas e influenciadas no processo de amalgamação com outras de origem ibérica e mesmo africanas (...) Comparada às manifestações religiosas dos povos sul-americanos em que predominou a influência espanhola, não se observa na religião do caboclo aquela íntima integração entre práticas católicas e indígenas tão acentuada pelos diversos observadores. No vale do Amazonas, o pajé é um bom católico, mas ele não mistura suas práticas com aquelas da igreja. A 'pajelança' e o culto dos santos são distintos e servem a situações diferentes. Os santos protegem a comunidade e asseguram o bem-estar geral. Seus favores e sua proteção obtêm-se através de promessas e orações que propiciam sua boa vontade. Contudo, existem fenômenos que escapam à alçada ou ao poder dos santos, assim a *panema*, o 'assombrado de bicho, o poder maligno do boto. Nestes casos somente o pajé que dispõe de poderes e conhecimentos especiais é capaz de intervir com sucesso."

Os *botos*, cetáceos fluviais chamados golfinhos do Amazonas, são seres sobrenaturais aquáticos. Acredita-se existir duas espécies de botos: o vermelho, grande e perigoso *Inia geoffroyensis*, e o preto, pequeno, também chamado boto-tucuxi (*Steno tucuxi*). Na concepção dos cablocos, este último ajuda os afogados, empurrando-os para a praia e espanta o boto-vermelho quando este persegue canoas e nadadores. O boto é personagem da mitologia indígena amazônica do Roraima (Taulipáng, Makuxi) e do rio Negro (índios Baré). Contudo, "o boto sedutor" – ensina Luís da Câmara Cascudo – "é um mito de convergência europeia".

Sua capacidade de transformar-se em gente e, dessa forma, iludir os incautos, é que o torna tão perigoso.

Um jovem morador de Itá, cidade do baixo Amazonas onde Eduardo Galvão realizou seus estudos de religiosidade cabocla, contou-lhe que,

> " (...) ao voltar de uma festa com um grupo de companheiros toparam com um boto. Estavam embriagados e ao avistar o boto xingaram-no de toda espécie de nome. Nada lhes aconteceu nessa noite, mas no dia seguinte um dos companheiros caiu com febre. Levou muito tempo para restabelecer-se. Todos atribuíram a doença à *malineza* do boto".

O boto também afugenta os outros peixes e o insucesso de uma pescaria pode ser atribuído a ele. As doenças devidas à *malineza* do boto se curam com benzeções, rezas e tratamento de ervas.

Mas a principal característica do fabulário do boto é sua extrema sensualidade. Aparece nos bailes na forma de um rapaz bonito, sempre vestido de branco, dançador e bebedor que seduz as mulheres e a ele são atribuídas as crianças de paternidade duvidosa. É corrente chamar-se no Pará aos filhos naturais "filhos de boto". Muitas moças atribuem seu primeiro filho a esse estranho fauno dos rios amazônicos.

Conta-se como verídica a história de uma mulher que, levando o filho ao médico, foi lhe indagado o nome do pai da criança. Ao que respondeu com toda a naturalidade e sem o menor vexame: "Não tem, não senhor, é filho de boto.". A mulher em questão era casada e tinha outros filhos, sobre cuja paternidade não recaía a menor dúvida.

Outro "caso", compulsado como o anterior no livro de Câmara Cascudo, é assim relatado:

> "No Cachoeiri moravam duas moças órfãs, visitadas durante a noite por desconhecidos vestidos de branco. Desconfiaram que os namorados eram botos e dois homens armaram-se de arpões de inajá e os esperaram à noite. Apareceu apenas um dos rapazes misteriosos. Atiraram-no com três arpões e o moço conseguiu alcançar o rio e jogar-se para dentro d'água,

mergulhando. No outro dia apareceu boiando morto um grande boto, com três arpões de inajá fincados no dorso.".

O boto também pode assumir a forma de uma moça muito bonita que atrai os jovens até o rio e mergulha com eles para não mais voltar. As mulheres menstruadas também atraem os botos, por isso, segundo a crendice popular, devem evitar aproximar-se de rios e igarapés, nesses períodos. E muito menos viajar em canoas. Descobertas pelo cheiro, o boto vira as canoas para possuí-las.

A lenda do golfinho do Amazonas (*pira-iauara* ou *piraia-guara*, em língua geral) não ultrapassou as fronteiras dos dois estados banhados por esse rio. A carne nunca é aproveitada como alimento e os caboclos evitam arpoá-lo. Quando encontrado morto nas armadilhas de pesca, é esquartejado, tomando-se partes do corpo para fins mágicos e como remédio. O olho é considerado infalível como amuleto para conquistas amorosas.

A *cobra-grande* ou *boiuna* (de *mboi* = cobra e una = preta, em língua geral) habita o fundo dos rios e é identificada como uma sucuriju (*Eunectes marinus*), que assume proporções gigantescas quando se translada da terra para a água. Os sulcos que então deixa pelo caminho se transformam em igarapés. Controvertidamente, os pescadores também lhe atribuem o desaparecimento de riachos e pequenos lagos. Aparece nas noites de tempestade, os olhos brilhando como faróis acesos, para perseguir os navegantes.

> "Durante nossa estada em Itá" – escreve Galvão – "houve ocasião em que nenhum pescador atreveu-se a sair para o rio à noite, pois em duas ocasiões seguidas foi avistada uma Cobra Grande. Os pescadores que viram disseram ter percebido a Cobra Grande pelos olhos que alumiavam como tachas. Foram perseguidos até a praia, somente escapando porque o corpo muito grande encalhou na areia. Esses pescadores ficaram doentes do pânico e medo da experiência que relatavam com real emoção."

A boiuna também assume a forma de um navio fantasma, ou mesmo um transatlântico, que navega desembaraçadamente em todas as direções, com o motor roncando e todas as luzes acesas, sem que haja um só tripulante. Um morador de Itá contou a Galvão que

> "(...) uma noite navegava em canoa à vela quando percebeu um grande barco, todo iluminado que se aproximava pela popa. Não havia ninguém a bordo, o que fez Marinho identificá-lo como 'navio encantado'. Aproximou-se

muito de sua embarcação, para mudar subitamente de rumo e seguir direção oposta. Desde esse dia Marinho deixou de viajar à noite".

Raul Bopp em *Cobra Norato* exprimiu poeticamente a metamorfose fantástica da boiuna:

"Axi cumpradre
Arrepare uma coisa:
Lá vem um navio
Vem-que-vem vindo depressa
todo alumiado.
Parece feito de prata...
– Aquilo não é navio
Cumpadre.
– Mas os mastros... e as
luises... e o casco dourado?
– Aquilo é Cobra grande: conheço pelo cheiro."

Segundo Câmara Cascudo, a cobra-grande é uma entidade malfazeja:

"Não se torna moça ou rapaz para seduzir gente. Ataca para matar, sem a menor intervenção sexual."

Mboia açu ou Boiuçu, outro ente sobrenatural do ciclo mitológico da cobra, comum a índios e caboclos, é que tem essas propriedades, segundo Nunes Pereira. Osvaldo Orico, por sua vez, conta que o título do livro-poema de Raul Bopp, anteriormente citado, originou-se de uma lenda vinculada à referida cobra. Assim é que o fabulário amazonense registra a estória de Honorato, rapaz de seus vinte anos, cujo pai tinha uma fazenda de cacau no rio Tocantins.

"Certo dia" – relata Osvaldo Orico em *Mitos ameríndios* – "(ele) foi atraído pela beleza de uma uiara e levado para o fundo das águas. Nunca mais se teve notícias do moço. Passados alguns anos, começou a aparecer pelas redondezas, à meia-noite, o vulto de um moço que dança e se diverte nos dançarás, mas que some de madrugada, sem que se saiba para onde vai. Toda a gente acredita que é Honorato, que passou a chamar-se Cobra-Norato."

Curupira, originário de curu, abreviatura de *curumi* = menino e *pira* = corpo (ou caapora, de *caa* = mato e *pora* = habitante), é uma entidade sobrenatural da floresta, protetora da caça e da natureza, que castiga aqueles que as destroem e protege os que as preservam. Os Curupiras são tidos como criaturas do tamanho de um menino, pele escura e pés ao avesso, para não deixar perceber se andam para a frente ou para trás. Gostam de fumo e pinga. Por isso, seringueiros e roceiros abandonam esses presentes pela mata para não serem incomodados.

José de Anchieta já se refere ao Curupira como um dos duendes mais temidos pelos índios:

> "É cousa sabida e pela boca de todos corre que há certos demônios a que os Brasis chamam CORUPIRA, que acometem aos índios muitas vezes no mato, dão-lhes açoites, machucam-nos e matam-nos. Por isso costumam os índios deixar em certo caminho, no cume da mais alta montanha, quando por cá passam, penas de aves, abanadores e outras coisas semelhantes, como uma espécie de oblação, rogando fervorosamente aos curupiras que não lhes façam mal.".

Vários outros cronistas referem-se a esse personagem, tido por Osvaldo Orico "como o mais famoso e endiabrado dos duendes de floresta". Esse autor e Câmara Cascudo mostram como ele se transfigura nas diferentes paragens brasileiras e mesmo fora do Brasil, na Argentina e no Chile.

> "Do Maranhão para o sul" – diz Câmara Cascudo – "o Caipora é o tapuio escuro e rápido. No Ceará (...) aparece com a cabeleira hirta, olhos em brasa, cavalgando o porco, caititu (...). Em Pernambuco apresenta-se com um pé só, e este mesmo redondo, como pé de garrafa (...). Na Bahia é uma cabocla quase negra (...). Em Sergipe, quando não o satisfazem, mata o viajante de cócegas. No extremo sul reaparece o homem agigantado. (...) No Paraná é também um gigante peludo. Em Minas e Bahia, ao longo do rio S. Francisco é 'um caboclinho encantado, habitando as selvas', com o rastro redondo, um olho no meio da testa."

O Curupira arremeda a voz humana e emite gritos estridentes para atrair suas vítimas. A pessoa que se deixa enganar pelo Curupira e dele se aproxima perde a noção de rumo. Ao Curupira se atribui o desaparecimento de caçadores, esquecimento de caminhos, pavores súbitos, calafrios.

Em Itá, Galvão registrou um "caso" contado por um sertanejo que relata a experiência de seu avô com um Curupira. O velho subia o rio em canoa, quando topou com outro homem num barco cheio de peixe. Observou então a perna do homem enfaixada e entalada como se tivesse fratura recente. Contou-lhe este que se estabelecera nas cabeceiras do igarapé, rico em caça e peixe, embora fosse advertido que aquela zona era proibida aos mortais por ser morada de Curupira. Decidido a enfrentá-los, "muniu-se de uma cruz feita de cera benta que prendeu ao pescoço e de outro pedaço de cera que guardou na patrona de munição".

Um dia, quando embicava a canoa na margem do igarapé, apareceu-lhe o Curupira. Perguntou ao pescador por que havia ido ali que era lugar proibido aos homens e este lhe respondeu "que queria justamente enfrentar os Curupiras". Nesse instante, o caboclinho avançou contra o homem, mas a cruz de cera fê-lo deter-se. O homem derrubou o Curupira, mas foi erguido no ar e jogado ao chão com tal violência que quebrou a perna. Alcançando rapidamente a patrona com o outro pedaço de cera benta, impediu que o Curupira o atingisse. Reconhecendo sua valentia, o caboclinho presenteou-o com uma flecha mágica que mataria qualquer caça ou peixe com que se avistasse. O homem adormeceu tonteado por um terrível mau cheiro e quando voltou a si se viu embarcado na canoa que descia o rio. A seu lado estava a flecha mágica e ao experimentá-la verificou que com ela não perdia um só tiro.

A crença no *Anhangá* que, de acordo com Câmara Cascudo, quer dizer "espectro, fantasma, duende, visagem", é outro mito indígena transmitido aos sertanejos. O anhangá castiga os caçadores que perseguem certo tipo de caça, como o pássaro inhambuanhanga e o veado (suaçu-anhangá) nos quais se transfigura e, sobretudo, os que matam um animal que amamente ou um pássaro que choque ou crie. Persegue também os caçadores que devastam inutilmente a caça ou que matam a mesma espécie, dias seguidos. O castigo que o anhangá faz recair sobre o caçador pertinaz é uma febre tal que pode levar à loucura.

Câmara Cascudo conta o caso de

> "um velho caçador tradicional nos sertões do Rio Grande do Norte, de apelido Mandaí (que), embora profissional, não caçava nos dias de sexta-feira por ser, dizia, dia da caça e não do caçador. Nas tardes e noites de sexta-feira, havendo luar o caçador via aparecer um veado-branco com os olhos de fogo, que mastigaria o cano da espingarda, como se fosse 'cana-de-açúcar'".

Outro "caso" de anhangá relatado pelo mesmo autor, recolhido entre os índios Tariana, do Uaupés, pode ser assim resumido. Uns veados devastavam uma roça e foram mortos e moqueados pelos donos da plantação. Pela manhã, em vez de carne de veado encontraram carne humana no moquém. Apavorados, jogaram-na no rio. Passados dois dias vieram umas pessoas procurar dois parentes que haviam sumido naquele lugar. Soube-se então que os dois supostos veados eram gente.

Ainda mais dramática é a lenda registrada por Couto de Magalhães que ao apresentá-la explica:

> "Concebe-se sem esforço o papel importante que a caça deve representar em povos que não criam animal doméstico algum e que, por conseguinte, só se alimentam dos que são criados nos bosques espontaneamente. Partindo dessas ideias, haverá nada de mais natural do que haver milhares de histórias em que Anhangá figurasse como fazendo malefícios aos homens? Da minha coleção de contos eu tomarei uma lenda para servir de exemplo:
> – Nas imediações da hoje cidade de Santarém, um índio Tupinambá perseguia uma veada que era seguida do filhinho que amamentava; depois de havê-la ferido, o índio podendo agarrar o filho da veada escondeu-se por detrás de uma árvore e fê-lo gritar. Atraída pelos gritos de agonia do filhinho, a veada chegou-se a poucos passos de distância do índio. Ele a flechou, ela caiu. Quando o índio, satisfeito, foi apanhar sua presa, reconheceu que havia sido vítima de uma ilusão do Anhangá; a veada, a quem ele, índio, havia perseguido, não era uma veada, era sua própria mãe, que jazia morta no chão, varada com a flecha e toda dilacerada pelos espinhos.".

Galvão relata o caso de um caçador de Itá, que gostava de caçar inhambus, "cujo pio imitava com perfeição". Um dia, atraiu um anhangá pensando que fosse inhambu e este, ao cair varado por bala, o derrubou com tal violência que o deixou inconsciente. Nunca mais voltou a caçar esse pássaro, tido como "bicho visagento".

Conta, ainda, o mesmo autor, a desventura de um roceiro que, para espantar os veados que faziam estragos em sua roça, fez uma tocaia numa árvore e todas as noites matava um deles. Certa feita, esquecido de que era dia de São Bartolomeu, foi à tocaia e viu chegar uma manada de veados-galheiros, "as aspas muito longas e aguçadas" e os olhos em brasa. Ficou na tocaia, transido de medo e não pôde esboçar um gesto. Mais tarde, seus filhos foram encontrá-lo ali sem fala. Foi atacado por uma febre terrível de que se salvou por meio de rezas e benzeções. Estavam todos convencidos de que os galheiros-anhangás tinham ido ali vingar os veados que matara.

Na Amazônia, fala-se comumente de "assombrado de bicho". Assombrar tem o significado de tirar a sombra, ou seja, a alma, levando o indivíduo à loucura. A "mãe dos bichos" assombra o caçador ganancioso. Por isso, os mais exímios caçadores ou pescadores que se especializam em determinado tipo de caça preferem perseguir diferentes espécies ou mudar constantemente o local de pesca, para evitar as iras da "mãe do bicho". Fazer zoada perto do rio ou maltratar um animal doméstico pode atrair a zanga da "mãe dos bichos". Por isso, os pais recomendam aos filhos que se abstenham de qualquer excesso, para não desencadear essas forças sobrenaturais.

Mesmo as coisas e os acidentes geográficos têm "mãe", segundo a concepção dos índios e dos caboclos que falam frequentemente em "mãe-d'água" ou "mãe do rio", "mãe do mato" etc. Trata-se de uma atitude de respeito em relação às obras da natureza e ao mesmo tempo de temor ante seus poderes insondáveis.

Não termina aí a zoologia fantástica, que povoa a imaginação do índio e do caboclo. Existem outros "companheiros-do-fundo ou caruanas", "bichos visagentos" ou "encantados", como a matinta-perera, pequena coruja que tem o dom de transformar-se em ser humano.

A título de ilustração, poderíamos citar ainda uma superstição propiciatória e romântica, muito em voga na Amazônia, também de origem indígena. Ela está vinculada à planta ornamental chamada tajá (tinhorão – *Caadium bicolor*). Há várias espécies de tajá. O tajá-pirarucu é uma espécie de amuleto que o caboclo leva dentro da embarcação, para ter sorte na pescaria; ou a dona de casa planta no jardim fronteiriço, "para que o tajá-onça ou o tajá-cobra" a proteja, diz Nunes Pereira. O mais famoso é, no entanto, *o tambatajá*, que tem "um macaquinho nas costas", isto é, uma pequena folha colada à folha principal e que serve para atrair a pessoa amada. Há também o "tajá que pia", um tinhorão no qual se encarna "a alma de um pássaro", explica Nunes Pereira. O tajá de folhas verdes é de mau agouro, o de folhas amarelas é benfazejo.

Da maior importância é a crença em *panema*. Segundo Eduardo Galvão, panema pode ser definido como:

> **"má sorte", "azar", "desgraça" ou "incapacidade de que são tomados indivíduos e mesmo objetos, por ação de uma força desencadeada por ignorância ou imprevidência."**

Por um processo de tentativas, acaba-se por descobrir onde está localizada a panema. Para não contraí-la, são recomendados certos banhos de ervas "fedorentas e cocentas", defumações com alho e pimenta e outras práticas mágicas. É costume o caçador e o pescador tomar esses cuidados cada semana ou a cada quinze dias, com relação a si próprio e a seus apetrechos para evitar a panema.

As mulheres grávidas podem, involuntariamente, fazer alguém tornar-se panema. A desconfiança ou a inveja causam panema ao invejado. Pode também ocorrer alguém empanemar outra pessoa, por inveja ou desconfiança, usando de feitiçaria.

A mulher menstruada que tocar os implementos de caça ou pesca poderá empanemá--los. A desinfecção dos objetos, no entanto, não fará mal algum à causadora da panema. Ficam também panemas os indivíduos descuidados que jogam espinhas e ossos a qualquer canto, ao alcance dos animais domésticos. Os restos de caça ou peixe devem ser atirados longe das trilhas muito pisadas para não atrair panema.

Um dos melhores pescadores de Itá, conta Galvão, costumava indagar do estado das esposas dos seus compradores. Se uma mulher grávida comesse do seu peixe acreditava que ele poderia vir a empanemar-se e, nesse caso, o remédio seria tirar o "veneno" com a ajuda da própria causadora. Mas aí está todo o perigo: se o caçador ou o pescador empanemar-se por uma mulher grávida e tentar um tratamento sem a assistência desta, poderá prejudicar à mulher e à criança. Um aborto é a consequência mais frequente. A mulher grávida que causar panema a um pescador deverá mastigar com a boca cheia de pimenta a linha de pesca; se causá-lo a um caçador, deverá deixar escorrer a baba de pimenta no cano e na mira da espingarda.

A esse respeito, Galvão conta o seguinte caso, relatado pela própria vítima:

> "Ele viajava a negócio e já estava de volta quando num pouso resolveu comprar um pedaço de anta para comer. O caçador que lhe vendeu a caça perguntou se ele estava com a mulher grávida. Nosso homem respondeu na afirmativa, mas garantiu ao caçador que nada aconteceria porque ele próprio é quem ia comer da carne e, mais, sua mulher não era 'venenosa'. Dias passados ao chegar de volta à casa, já encontrou a mulher doente. Sofria de uma urticária terrível. Logo a mulher indagou se ele havia comido qualquer coisa 'remosa' (maligna), pois por seu lado mantivera dieta (resguardo). O homem lembrou-se do episódio da anta e logo lhe veio a conclusão que a mulher estava doente, porque *empanemara* o caçador e este recorrera a um processo de cura. Mandou um positivo (mensageiro) ao caçador para que interrompesse a cura e assim evitai maiores padecimentos à mulher. Mas era tarde, como ele pôde verificar, pois daí a um mês nasceu-lhe o filho, doente, o corpo escamando todo. Não durou um mês e morreu. Nosso Informante esquecido de que, segundo seu próprio depoimento, fora ele o principal culpado, tentou processar o caçador, mas nada conseguiu.".

Para poder controlar a cura dos caçadores ou pescadores empanemados, as mulheres grávidas geralmente só se alimentam de caça e peixe apanhados pelos próprios maridos ou parentes próximos. Ou então, consomem carne de gado ou peixe seco vendidos nos armazéns, sobre os quais não recai a panema. Algumas mulheres grávidas são consideradas excepcionalmente "venenosas" e a panema por elas causada é a mais maligna.

Se a panema afeta o próprio caçador ou pescador, o melhor será abandonar suas atividades por algum tempo. O cachorro que acompanha o caçador à caça, a embarcação em que se transporta, os seus apetrechos, todos podem ficar panema. O indivíduo deve também evitar de lavar a caça ou as suas mãos sujas de sangue na água dos rios e igarapés. A "mãe" do igarapé pode ficar ofendida e empanemá-lo.

Essa crença afeta, sobremaneira, as atividades produtivas, embora tida, segundo Galvão, como uma

> **"incapacidade temporária (...) cujas causas e sintomas podem ser determinados e são conhecidos. (...) O conceito de panema está assim intimamente ligado às técnicas básicas de subsistência e, mais que outra crença qualquer, à vida quotidiana do indivíduo".**

O caboclo amazônico herdou também do índio festas como o *dabacuri*, promovidas por vizinhos ou tribos amigas, para oferenda de frutas, peixe ou objetos. Legado indígena é o mutirão ou ajuda mútua, instituição social da maior importância, em que vários vizinhos se reúnem para a execução de uma tarefa mais exigente. Mutirão deriva do tupi: *mutirum*, *puxirum* ou *ajuri*, segundo Nunes Pereira e outros tupinólogos.

Cabe finalmente mencionar Macunaíma, herói dos índios Taulipáng, Makuxí e Wapitxâna, da Guiana brasileira, imortalizado por Mário de Andrade. É o herói de façanhas generosas, destemidas, românticas, obscenas e tragicômicas.

Nota final

Os dados demográficos, levantados recentemente para a América pré-colombiana, lançam nova luz sobre as civilizações e culturas ameríndias. No caso do Brasil, é provável que o desequilíbrio entre o vulto da população e o potencial alimentar tenha sido uma das causas das guerras intertribais e do sacrifício de prisioneiros, entre os Tupinambá. A antropofagia, reduzindo o número de homens de cada grupo, viabilizava a poliginia, reduzia a expansão demográfica e a consequente mobilidade e dispersão. Mas essa hostilidade recíproca é que facilitou a conquista portuguesa, no Brasil, e europeia em todo o continente. Houve resistência, porém isolada. A organização dos europeus capacitou-os a destruir uma tribo atrás da outra. Nisso foram ajudados não só pelas tribos que guerreavam mutuamente, como pelos mamelucos. Esse é o saldo trágico da desunião dos povos indígenas das Américas. Tivessem se unido, a exemplo da notável mas efêmera Confederação dos Tamoio, outro teria sido o resultado.

A vitória de um punhado de portugueses sobre milhões de índios explica-se por este e por outros fatores. Era uma luta desigual de homens nus, lutando com arcos e flechas e com clavas, contra homens protegidos por armaduras de metal ou roupas de couro e entrincheirados atrás de fortalezas de pedra e cal. A superioridade da espada sobre a borduna é suplantada pelas armas de fogo – mosquetes, arcabuzes e canhões – que matavam a distância, num passe de mágica, exalando fogo, fumaça e um ruído ensurdecedor. Tudo isso deve ter afetado psicologicamente os indígenas. Curvaram-se diante da imensa superioridade tecnológica dos possuidores de armas tonitruantes e de instrumentos cortantes, para a guerra e para a paz que traziam animais de carga e de tração, potentes navios e edificavam sólidas construções.

Um esforço recente, para corrigir o mito de que o índio aceitou submissa e passivamente a dominação de seu território, a exploração de sua força de trabalho, a erradicação de sua cultura, a perda de sua liberdade, a tomada de suas mulheres e filhos, foi feito por Carlos A. Dias, num curto ensaio intitulado "O índio e o invasor: a confrontação dos povos indígenas do Brasil com o invasor europeu nos séculos XVI e XVII".

Florestan Fernandes, por sua vez, admite três alternativas básicas de reação do índio: 1. a expulsão do invasor pela força; 2. a subordinação na condição de aliado ou de escravo; e 3. a fuga para áreas inatingíveis.

> **"Essas três formas de reação hão de ocorrer, de fato, contribuindo para modelar os contornos assumidos pela civilização luso-brasileira",**

conclui.

Embora se tratasse de tribos guerreiras, cuja coragem, combatividade e espírito de luta nenhum historiador pôs em dúvida, elas se viam diante de homens de outra civilização, que não respondiam às regras vigentes nas guerras intertribais. Muito ao contrário, a cobiça e a falta de escrúpulos dos conquistadores não conheciam limites. Não só se defrontavam os índios com criminosos – degredados para a Colônia – como os "homens bons" – lavradores na Metrópole –, aqui chegando, se transmudavam em senhores, recusando-se a fazer qualquer trabalho braçal, considerado subalterno, digno apenas de escravos.

A desmoralização do poder do xamã em lograr a vitória na guerra, o desconhecimento inicial das intenções do grupo invasor, a própria aparição inesperada de gente nunca vista antes – barbuda, vestida de modo estranho, falando língua ininteligível – imobilizava pelo terror. A tudo isso se somava a transmissão de moléstias, também desconhecidas, que matavam os índios como moscas, porque não tinham nenhuma defesa orgânica. E, ainda, a circunstância de que, quando acometidos dessas moléstias ou assaltados pelos invasores, não dispunham de nenhuma reserva de alimentos, água ou lenha para se abastecerem. Assim, morriam de fome e sede, tanto quanto de enfermidades e assassinatos. Dessa sorte, padeciam também aqueles que, quando atacados e vencidos, recuavam para a mata.

Outra vantagem que os portugueses levavam, mesmo nas primeiras décadas que se seguiram à descoberta, era suas hostes serem formadas por mestiços de índios e brancos, os mamelucos. Estes não só dominavam a língua indígena, suas técnicas de luta, os modos de sobreviver na mata, como estavam afeiçoados a grandes caminhadas e viagens em canoas, que duravam, às vezes, longos meses.

Tanto portugueses como franceses, holandeses e ingleses se serviam de tribos amigas para manterem suas conquistas e ampliá-las. Em geral, a relação era de um branco para dez índios, chegando, não raro, para vinte, trinta ou até cem. Para conquistar alianças, os europeus se envolviam nas guerras intertribais, tomando partido, conforme suas conveniências. Os índios não só lutavam a seu lado, como lhes forneciam todo o apoio necessário em alimentos, embarcações e esconderijos.

A situação que acabamos de descrever não é apenas a historicização do que ocorria nos séculos XVI e XVII. Ela prevaleceu nos séculos seguintes e se reitera, ainda hoje, onde quer que as frentes da civilização avancem sobre os derradeiros refúgios de tribos virgens de contato. O que mudou foi o método de atração; as motivações de exploração capitalista e as consequências para as populações tribais continuam as mesmas. Ainda hoje, a sociedade nacional só tem a oferecer ao índio, em condição de isolamento, doença, fome e desengano. A atração, por isso, não interessa ao indígena, mas à sociedade nacional, que, sem explorar convenientemente o território já conquistado, procura novas áreas de expansão para atividades mineradoras, extrativistas, madeireiras e agropecuárias. O desmatamento da Amazônia, irracional e depredador, as ameaças que pesam sobre os Ianomâni, última grande tribo autônoma que nos resta, são exemplos eloquentes.

A expansão colonial se fez em nome da civilização do índio e da própria terra, tida como bárbara, inculta e desperdiçada, do mesmo modo que seu ocupante nativo. Os europeus quinhentistas que se mostraram tão horrorizados com as práticas antropofágicas dos Tupinambá não se lembravam que, poucas gerações antes, havia terminado a Guerra dos 100 Anos, que tantas vítimas e horrores havia causado. Algumas gerações após a conquista, os europeus se entregariam às lutas fratricidas da Guerra dos 30 Anos, o que não deixava de ser uma forma de canibalismo, com um número infinitamente maior de vítimas.

Para corroborar a espoliação, o europeu disseminou a "lenda demoníaca" aurida em histórias medievais, de que havia tribos de pigmeus, de homens que tinham os pés voltados para trás e também a lenda das amazonas, que perdurou por mais tempo. Tão fabulosa quanto a lenda demoníaca era a visão idílica do homem americano, insuflada pela corrente humanista, que surgiu com o Renascimento. As duas concepções corriam lado a lado, mas prevaleceu, longe dos centros coloniais, a do homem natural, do bom selvagem, vivendo nu em um cenário idílico, inundado de luz e de sol.

A visão romântica do índio, sua candidez infantil, corrompida pela ganância da acumulação capitalista se refletiu, mais tarde, na literatura brasileira. Alguns aspectos da legislação atual, referente ao índio, são projeções dessa visão. Por exemplo, o inciso que considera o índio menor de idade, carente de proteção. Os legisladores que impuseram o conceito orfanológico ou de minoridade, com força de lei, o fizeram diante da evidência de que, do contrário, em pouco tempo nada mais restaria dos primeiros habitantes do Brasil. Sua preservação não tinha apenas um sentido humanitário, como era fruto da visão realista de que o índio, com sua grande experiência e conhecimento da terra e sua força de trabalho, era um elemento essencial ao projeto colonialista.

Apesar dessa legislação protecionista, foi impossível às autoridades metropolitanas e eclesiásticas e, mais tarde, às imperiais e republicanas, obstar os excessos que levaram ao maior genocídio da história humana. Não representa um consolo, como afirma Charles Boxer, entre outros, dizer que o mesmo ocorreu nas terras colonizadas por espanhóis, ingleses ou holandeses e franceses.

A lição que as comunidades tribais podem dar, hoje, à humanidade é de caráter ecológico e social. Em primeiro lugar, seu respeito à integridade da natureza, como fonte de todas as benesses da terra. Em segundo, a democratização das relações humanas e da propriedade, que, tendo ocorrido até agora apenas no âmbito estreito das microetnias, possa, amanhã, tornar-se realidade para todos os povos.

Bibliografia

AZEVEDO, João Lúcio de. *Os jesuítas no Grão-Pará*. 2ª ed. Coimbra: Impr. Universidade, Coimbra, 1930.

CARTAS JESUÍTICAS. *Cartas avulsas*. II (1550-1568). Coleção e notas de Afrânio Peixoto. Rio de Janeiro: [s. n.], 1931.

CASCUDO, Luís da Câmara. *Dicionário do folclore nacional*. Rio de Janeiro: INL-MEC, 1954.

CEDI. Centro Ecumênico de documentação e informação. 1981. Povos Indígenas do Brasil. 1980. São Paulo.

CLASTRES, Piérre. "Elementos de demografia amerindia". In: *A sociedade contra o Estado*. Rio de Janeiro: Francisco Alves, 1978. p. 56-70.

COMAS, Juan. *Principales aportaciones indígenas pre-colombinas a lacultura universal*. México: Ed. Instituto Indigenista Interamericano, 1957.

DOBYNS, H. F. "Estimating aboriginal american population. An appraisal of techniques with a new hemispheric estimate". In: *Current Anthropology*. 1966. v. 7, n. 4, p. 395-416.

GALVÃO, Eduardo. *Santos e visagens*. Um estudo da vida religiosa de Itá, Amazonas. São Paulo: Companhia Editora Nacional, 1955.

HOHENE, F. C. *Botânica e agricultura no Brasil no século XVI*. São Paulo: Companhia Editora Nacional, 1937.

HOLANDA, Sérgio Buarque de (Org.). *História geral da civilização brasileira*. V. I – A época colonial. 1. Do descobrimento à expansão territorial. São Paulo: Difusão Europeia do Livro, 1960.

LEITE, Pe. Serafim. *História da Companhia de Jesus do Brasil*. Lisboa: [l.n], 1938. v. II.

LUGON, C. *A república comunista cristã dos Guaranis*. 1610-1768: Rio de Janeiro: Paz e Terra, 1968.

MALHEIROS, Agostinho Marques Perdigão. *A escravidão no Brasil*. Ensaio histórico-jurídico--social. Parte 2º: índios. Rio de Janeiro: Tipografia Nacional, 1867.

MARCHANT, Alexandre. *Do escambo à escravidão*. As relações econômicas de portugueses e índios na colonização do Brasil: 1500-1580. São Paulo: Companhia Editora Nacional, 1943.

MELATTI, Júlio Cézar. *Índios do Brasil*. Brasília: Ed. Brasília, 1972.

MOREIRA NETO, Carlos de Araújo. *A política indigenista brasileira durante o século XIX*. Tese de doutoramento. Rio Claro, São Paulo. 1971. mimeo.

NIMUENDAJU, Curto. *Mapa etno-histórico de Curt Nimuendaju*. Rio de Janeiro: IBGE – Fundação Nacional Pró-Memória, 1981.

NUNES, Pereira. *Morenguetá*. Um decameron indígena. Rio de Janeiro: Civilização Brasileira, 1967. 2 v.

OTÁVIO, Rodrigo. *Os selvagens americanos perante o direito*. São Paulo: Companhia Editora Nacional, 1946.

PINTO, Estevão. *Os indígenas do Nordeste.* São Paulo: Companhia Editora Nacional, 1935. 1º v.

RIBEIRO, Darcy. *Os índios e a civilização*. O processo de integração dos índios no Brasil moderno. Rio de Janeiro: Civilização Brasileira, 1970.

ROSENBLAT, Angel. *La población indígena y el mestisaje en América* 1492-1950. Buenos Aires: Ed. Nova, 1954. V. I.

STEWARD, Julian H. "The native population of South America". In: *Handbook of South American Indians*. Washington: Smithsonian Institution, 1949. V. V. p. 655-668.

__________. "South american cultures: an interpretation summary". In: *HSAI*. Washington, 1949. V. V. p. 669-789.

STEWARD, Julian H.; FARON, Louis C. *Native peoples of South America*. New York: MC Graw Hill, 1959.

Cronologia

1500 Cabral encontra os Tupiniquim, da grande família Tupinambá (tronco Tupi--guarani) que ocupava quase toda a costa, do Pará ao Rio Grande do Sul.

1502 Instalação das primeiras feitorias portuguesas no Brasil (Cabo Frio, Bahia, Pernambuco) para o tráfico do *pau-de-tinta* e de escravos.

1511 Em Cabo Frio, a nau *Bretoa* embarca 35 escravos índios para a Metrópole.

Incursões de corsários franceses interessados em pau-brasil.

1531 Expedição de Martim Afonso de Souza e Pero Lopes de Souza de reconhecimento e posse da terra.

– Endurecimento dos termos de intercâmbio (escambo) de produtos nativos por manufaturas europeias.

– Contingenciamento da mão de obra indígena para todo tipo de trabalho, ainda por escambo.

– Mais embarque de escravos para Portugal.

1534 Implantação do regime de donatarias hereditárias. Aumenta a imigração de colonos, atentando contra a mulher indígena a posse da terra e a liberdade dos índios.

1537 Breve bula papal de Paulo III proclamando os índios "verdadeiros homens e livres", isto é, criaturas de Deus iguais a todos.

1540 Reações dos Tupi à conquista: 12 mil índios emigram da Bahia ou de Pernambuco; somente trezentos chegam a Chachapoya, no Peru.

– Sessenta mil Tupinambá fogem da opressão portuguesa, exaurindo-se pelo caminho, até atingir a foz do rio Madeira (1530-1612).

1547 Os Carijó, grupo Guarani da capitania de São Vicente, são assaltados por predadores de escravos e vendidos em várias capitanias. Para escapar à escravização, tribos guerreiam mutuamente, arrebanhando escravos para a nascente indústria canavieira.

1549 Chega a primeira missão jesuítica, chefiada por Manuel da Nóbrega: oito missionários, entre os quais José de Anchieta.

– Dissolve-se o regime de capitanias.

– É estabelecido o governo-geral.

– Tomé de Souza, primeiro governador-geral, reimplanta o escambo para obter alimentos e trabalho dos índios, mas não impede de todo a escravidão.

1553 O novo governador-geral, Duarte da Costa, permite que os colonos escravizem e tomem as terras dos grupos tribais mais próximos dos estabelecimentos coloniais.

– Violentos conflitos entre índios e brancos na Bahia (1555).

1557 Chegada de Mem de Sá, terceiro governador-geral. Os índios da Bahia recusam-se a plantar, sobrevindo a fome em toda a província.

– Os jesuítas agrupam 34 mil índios Tupinambá em onze paróquias (1557-1562).

1560 Expulsão dos franceses do Rio de Janeiro com a ajuda de índios Tupinambá.

1562 Para conseguir escravos "legítimos", Mem de Sá move "guerra justa" aos Caeté, sob a alegação de serem pagãos e terem trucidado o primeiro bispo do Brasil, em 1556.

1563 Consequência da guerra aos Caeté: epidemias de fome e de varíola dizimam 70 mil índios na Bahia.

1568 Início provável do tráfico regular de escravos negros no Brasil.

1584 Outra epidemia de varíola se alastra pelas aldeias indígenas na Bahia. Os sobreviventes se oferecem como escravos por um prato de farinha.

1591 O abuso da exploração do trabalho indígena e os castigos inflingidos nas Missões levaram a Companhia de Jesus a recomendar moderação aos sacerdotes, proibindo-os também de receber "esmolas" dos índios.

1610 Instalação das primeiras reduções jesuíticas na bacia do Prata, hábitat de inúmeros grupos Guarani e núcleo do que viria a ser a "República cristã dos Guarani".

1611 A legislação portuguesa reconhece a liberdade dos índios, exceto dos "aprisionados em guerra justa e dos resgatados quando cativos de outros índios".

1612 Os franceses desembarcam no Maranhão. Aliam-se aos Tupinambá e constroem o forte de São Luiz. Padres capuchinhos, Abbeville e D'Evreux encarregam-se da catequese.

1615 Ajudados pelos Tremembé, grupo "Tapuia", os portugueses expulsam La Ravardière do Maranhão. Os 12 mil Tupinambá, aliados dos franceses, são sanguinariamente reprimidos.

1621 Uma epidemia de varíola aniquila os remanescentes Tupinambá da costa do Maranhão e Grão-Pará.

1622 Os jesuítas fundam colégios em São Luís e Belém. A Metrópole confia aos inacianos a missão dos "descimentos": buscar os índios nos altos rios e reparti-los ao serviço público e particular.

1628 Os bandeirantes atacam as reduções jesuíticas de Guairá (Paraná). Quinze mil escravos Guarani, postos a ferro, são levados a São Paulo.

1631 A devastação dos bandeirantes obriga os padres a transferir 100 mil índios Guarani das reduções de Guairá para além das cataratas de Iguaçu. Chegam apenas 10 mil.

– Seguem-se outros êxodos.

1639 Quatro mil índios Guarani derrotam os bandeirantes com flechas, lanças e fuzis, importados e fabricados pelos jesuítas por licença da Coroa espanhola.

1640 Levante de colonos em São Paulo contra a bula de Urbano VIII. Os jesuítas são expulsos e reintegrados em 1643 por Ordem Régia. A bula reafirma a excomunhão aos que incorrem no cativeiro de índios.

1641 Os bandeirantes são mais uma vez derrotados pelos Guarani na batalha de Mbororé (margem direita do rio Uruguai).

1651 Depois de haver escravizado ou aniquilado cerca de 300 mil Guarani, os *bandeirantes* paulistas cessam suas incursões de "caça ao índio" nas reduções jesuíticas do Sul.

A expansão pastoril do Nordeste atinge um subgrupo Aimoré, Gueren, em Ilhéus, Bahia. Primeira etapa da chamada "guerra dos bárbaros".

1653 Chegada do padre Antonio Vieira ao Maranhão. Por ordem da Coroa, a questão indígena é entregue aos jesuítas no Norte.

A provisão de 17/10/1653 reintroduz na legislação a faculdade de escravizar os índios por motivo de "guerra justa" e de "resgate". Reiniciam-se as entradas para captura de índios.

1671 Bandeirantes exterminam os Paiaia, grupo "Tapuia" do sertão da Bahia, para entregar suas terras ao gado. Outra etapa da "guerra dos bárbaros", que acabou com inúmeras tribos.

1674 Bandeirantes paulistas iniciam o "ciclo do ouro" com a expedição de Fernão Dias Paes Leme a Minas Gerais.

1679 Bento Maciel Parente, filho do exterminador dos Tupinambá do Maranhão, dizima os Tremembé, grupo Kariri do litoral do Ceará.

1680 Novo regimento das Missões do Estado do Maranhão. A Metrópole retira dos colonos a administração das aldeias e as expedições de resgate, entregues outra vez aos jesuítas.

1684 Nova lei atende os moradores do Estado do Maranhão para o governo dos índios.

1686 Vitória dos jesuítas sobre os colonos no Estado do Maranhão. No entanto, são obrigados a dividir o poder sobre os índios com outras ordens religiosas.

1692 Os Janduí, subgrupo Tarairiu, que fora aliado dos holandeses, firmam um "tratado de paz" com a Coroa, o primeiro na história do Brasil. São considerados "livres".

1701 Os bandeirantes descobrem jazidas de ouro no rio das Velhas (Minas Gerais). As populações indígenas são exterminadas sem que a história registre seus nomes.

1712 Última grande revolta dos "Tapuia" do Nordeste destrói estabelecimentos ganadeiros do Piauí, Ceará e Maranhão.

1718 A legislação colonial, sob argumentos falsos, reintroduz e justifica a escravização dos índios.

O bandeirante Antonio Pires de Campo encontra ouro em Cuiabá e Guaporé. Entra em contato com os Paresi, cujas aldeias são devastadas pelos mineradores.

1726 Bartolomeu Bueno da Silva, o Anhanguera, arma uma bandeira com índios Carijó (Guarani) e descobre ouro em Goiás. Os índios fogem para o Tocantins. São provavelmente os ancestrais dos Avá-Canoeiros.

1728 Guerra de extermínio aos Timbira do Maranhão, que resistiam ao cativeiro e à expansão do gado sobre suas terras.

1729 Belchior Mendes de Morais extermina 20 mil índios Manao da foz do rio Negro. Na resistência se destaca Ajuricaba.

1734 Antonio Pires do Campo entra em contato com os Bororo de Mato Grosso. Com sua ajuda, ataca os Kayapó de Goiás, que impediam o acesso às minas desse Estado.

É decretada "guerra justa" contra os Mbayá-Guaikuru e seus aliados, os canoeiros Paiaguá, que impediam a passagem das monções paulistas no rio Paraguai, rumo ao ouro de Cuiabá. Os Paiaguá são massacrados.

1742 É declarada "guerra justa" aos Kayapó de Goiás.

1744 Bula papal de Benedito XIV proíbe, sob pena de excomunhão, o cativeiro secular ou eclesiástico dos índios.

1750 Os Guarani são atacados por um exército luso-espanhol para desocuparem os Sete Povos das Missões. Pelo Tratado de Madri esse território passa à Coroa espanhola.

1755 Lei de 6/6/1755 extingue o cativeiro dos índios. Nominalmente estavam alforriados.

1757 O marquês de Pombal cria o regime de Diretório em substituição à ação missionária para governo dos índios.

1759 Por ordem de Pombal, a Companhia de Jesus é expulsa do Brasil. Todos os seus bens revertem ao Estado.

1808 Três Cartas Régias de D. João VI reeditam a escravidão dos índios por "guerra justa". Os Botocudo de Minas Gerais são dizimados.

1823 José Bonifácio, o Patriarca da Independência, apresenta a memória: "Apontamentos para a civilização dos índios bravos do Brasil". A Constituição de 1824 não incorpora esses princípios. Alguns deles são depois retomados por Rondon.

1824 Os Xavante, divisão dos Akwen, pressionados pela expansão pastoril, chegam ao Tocantins. Depois (1859) emigram ao Araguaia e, por último, ao rio das Mortes, Mato Grosso.

Os Xerente (outra divisão dos Akwen) permanecem no Tocantins. Recebem uma reserva para seu usufruto do imperador D. Pedro II. Um capuchinho traz sertanejos para suas terras. A população xerente declina de 4 mil, em 1824, a 1.360, em 1900, oitocentos em 1929 e 350 em 1957.

1831 Revogação das leis de 1808-1809 que permitiam a "guerra justa" contra os índios.

1835 Eclode a Cabanagem na Amazônia, principal insurreição nativista do Brasil. Os Munduruku e os Mawé, do Tapajós e Madeira, os Mura, do Madeira, bem como grupos do rio Negro aderem aos Cabanos.

1839 Rendição dos Cabanos. Epidemias e a atroz perseguição às tribos que com eles combatiam, devastam enormes áreas da Amazônia.

1840 Início da fase extrativista de gomas-elásticas na Amazônia, principalmente da borracha (1879-1910) que dará cabo de inúmeras etnias tribais.

1843 O governo imperial autoriza a vinda de padres capuchinhos para catequizar os índios.

1845 É criado o diretor-geral de índios em cada província e um diretor de aldeia para regular as relações entre índios e brancos. Prevalecem, como era de esperar, os interesses desses últimos.

1850 A Lei nº 601 de 18/12/1850 regula a posse da terra pela aquisição e não pela ocupação efetiva. Os territórios tribais são incluídos na categoria "terras particulares" sujeitas a legalização em cartório.

1897 Os Kayapó de Pau d'Arco, região de campos do Araguaia, são reunidos por um missionário dominicano com moradores locais. Dos 1.500 índios então existentes não resta nenhum.

1904	Cândido Mariano da Silva Rondon inicia a construção de linhas telegráficas de Cuiabá ao Amazonas. Entra em contato amistoso e pacífico com inúmeras tribos de Mato Grosso e Guaporé.
1910	Rondon e um grupo de militares positivistas, professores universitários e sertanistas fundam o Serviço de Proteção ao Índio (Lei nº 8072 de 20/7/1910).
1912	A Comissão Rondon pacifica os Nambikwara, tribo muito aguerrida calculada em cerca de 20 mil índios.
	O etnólogo Curt Nimuendaju recolhe os sobreviventes Apopokuva-Guarani que em fins do século XIX iniciaram uma migração de Mato Grosso ao Atlântico em busca da "terra sem males".
1914	Pacificação dos Kaingang paulistas atingidos pela expansão das lavouras de café no noroeste de São Paulo.
	Pacificação dos Xokleng de Santa Catarina, cujas terras ricas em araucária são entregues a colonos alemães.
1924	Pacificação dos Baeñan remanescentes dos Botocudo do sul da Bahia. As densas florestas em que habitavam são derrubadas para dar lugar a plantações de cacau.
1946	Pacificação dos Xavante do rio das Mortes, área de expansão de fazendas de gado.
1950-1960	Pacificação de diversos grupos Kayapó do sul do Pará: Gorotíre, Xikrin, Kubenkrankegn e outros, cujas terras são invadidas por seringueiros e castanheiros.
1965	Deslocamento das fontes de expansão agropecuária e mineradora para a Amazônia e Centro-Oeste onde se concentra 60% da população indígena atual.
1967	O art. 198 da Constituição de 24/1/1967 diz: "As terras habitadas pelos silvícolas são inalienáveis nos termos que a lei federal determinar, a eles cabendo a sua posse permanente e ficando reconhecido o seu direito ao usufruto exclusivo das riquezas naturais e de todas as utilidades nelas existentes".
	Extinto o Serviço de Proteção ao Índio, é instituída a Fundação Nacional do Índio (Lei nº 5.371).
1970	O levantamento aerofotogramétrico do projeto Radam revela grandes jazidas de minérios em áreas ocupadas por grupos tribais na Amazônia. A exploração agropecuária, madeireira e mineira por grandes latifúndios e empresas multinacionais, a implantação de infraestrutura de estradas e hidrelétricas ameaça a sobrevivência desses grupos.

1973	O Estatuto do Índio (Lei nº 6.001 de 19/12/1973) prevê no seu art. 19 a demarcação das terras indígenas, ainda não efetivada.
1974	Projetado o Parque Indígena Kayapó, no sul do Pará, até hoje não foi demarcado.
1980	Fundada a União das Nações Indígenas (Unind) ainda não reconhecida pela Funai.
1994	O Decreto 1.141 dispõe sobre proteção ambiental, saúde e apoio às atividades produtivas para as comunidades indígenas.
1996	O decreto 1.775 dispõe sobre procedimentos administrativos para demarcação de Terras Indígenas, e dá outras providências.
1999	A Lei 9.836 institui, no âmbito do Sistema Único de Saúde (SUS), o subsistema de atenção à saúde indígena, que cria regras de atendimento diferenciado e adaptado às peculiaridades sociais e geográficas de cada região.
1999	Resolução do Conselho Nacional de Educação fixa diretrizes especiais para a educação escolar indígena, de acordo com o estipulado na Lei 9.394/96.
1999	A Portaria 852 do Ministério da Saúde cria os Distritos Sanitários Especiais Indígenas.
2002	A Lei 10.406 institui o Código Civil e determina que a capacidade dos índios será regulada por legislação específica.
2002	O Decreto 143 aprova o texto da Convenção 169 da Organização Internacional do Trabalho (OIT) sobre os Povos Indígenas e Tribais em Países Independentes.
2002	Aprovada a Política Nacional de Atenção à Saúde dos Povos Indígenas e criação do Programa de Promoção da Alimentação Saudável em Comunidades Indígenas (PPACI).

Bibliografia da autora

1957 *A arte plumária dos índios Kaapor*. Rio de Janeiro: Civilização Brasileira. 157 p. 14 pranchas em cores. (Em colaboração com Darcy Ribeiro.)

1959 Curare: a weapon for hunting and warfare. In: BOVERT, D.; BOVERT-NITTI, F.; MARINI-BETOLO, G. B. (Eds.). *Curare and curare-like agents*. Amsterdam – London – New York – Princeton. p-3-33. 7 figuras. (Em colaboração com José Cândido de Melo Carvalho.)

1978a O artesanato indígena como bem comerciável. *Ensaios de Opinião*, Rio de Janeiro, 5:68-77.

1978b Arte indígena, linguagem visual. *Ensaios de Opinião*, Rio de Janeiro, n. 7, p. 101.

1979 *Diário do Xingu*. Rio de Janeiro: Paz e Terra. 265 p.

1980a Possibilidades de aplicação do "critério de forma" no estudo de contatos intertribais, através do exame da técnica de remate e pintura de cestos. *Revista de Antropologia*, São Paulo, v. 23, p. 31-68.

1980b *A civilização da palha*: a arte do trançado dos índios do Brasil. São Paulo: USP, 1980. 590 p.

1983a O índio brasileiro: *Homo faber, Homo ludens*. In: Diversos autores. *A Itália e o Brasil indígena*. Rio de Janeiro: Fundação Roberto Marinho. p. 13-23.

1983b Artesanato indígena: para que, para quem? In: Diversos autores. *O artesão tradicional e o seu papel na sociedade contemporânea*. Rio de Janeiro: Funarte. p. 11-48.

1983 *O índio na História do Brasil*. São Paulo: Global.

1985 Tecelãs Tupi do Xingu: Kayabi, Jurúna, Asuriní, Araweté. *Revista de Antropologia*, São Paulo, 27/28:355-402.

1985 Artes indígenas da Amazônia. In: *As artes visuais na Amazônia*. Belém: Funarte; Semec. p. 23-42.

1986a A linguagem simbólica da cultura material. In: RIBEIRO, D. (Ed.). *Suma Etnológica Brasileira*, Petrópolis, 3:15-28.

1986b Desenhos semânticos e identidade étnica: o caso Kayabi. In: RIBEIRO, D. (Ed.). *Suma Etnológica Brasileira*, Petrópolis, 3:265-286.

1986c La vannerie et l'art décorative des Indiens du Haut Xingu, Mato Grosso, Brésil. *Objets et Mondes. Revue du Musée de L'Homme*, Paris, 24(1/2): 57-68.

1986ms A mitologia pictórica dos Desâna. Comunicação ao GT Antropologia da Arte. Curitiba: Associação Brasileira de Antropologia. 15 p.

1987 *O índio na cultura brasileira*. Rio de Janeiro: Unibrade; Unesco. 186 p.

1988a *Dicionário do artesanato indígena*. Belo Horizonte: Itatiaia. 343 p.

1988b Die bildliche Mythologie der Desâna. In: MÜNZEL, Mark (Org.). *Die Mythen sehen*: Bilder und Zeichen von Amazonas. Frankfurt a. M.: Museum für Völkerfunde. p. 243-277.

1989 *Arte indígena, linguagem visual*. Belo Horizonte: Itatiaia; São Paulo: Edusp. 186 p.

1991a Literatura oral indígena: o exemplo Desâna. *Ciência Hoje*, Rio de Janeiro, v. 12, n. 72, p. 28-37, abr./maio (Publicado também no número especial de dezembro da mesma revista, p. 32-41.)

1991b Chuvas e constelações: calendário econômico dos índios Desâna. *Ciência Hoje*, Rio de Janeiro, v. 12, p. 14-23, dez. (Número especial, em colaboração com Tolamãn Kenhíri.)

1992 Coleções etnográficas: documentos materiais para a história indígena. In: CUNHA, Manuela Carneiro. *História dos índios no Brasil*. São Paulo: Companhia das Letras; Fadesp.

1995 *Os índios das águas pretas*: modo de produção e equipamento produtivo. São Paulo: Companhia das Letras; Edusp. 270 p.